父母有招

胡梦湘 著

7招成为高手父母

台海出版社

图书在版编目（CIP）数据

父母有招：7招成为高手父母 / 胡梦湘著 . -- 北京：

台海出版社，2024.5

ISBN 978-7-5168-3858-7

Ⅰ . ①父… Ⅱ . ①胡… Ⅲ . ①家庭教育 Ⅳ . ① G78

中国国家版本馆 CIP 数据核字（2024）第 098602 号

父母有招：7招成为高手父母

著　　者：胡梦湘		
出 版 人：薛　原	封面设计：天下书装	
责任编辑：魏　敏		

出版发行：台海出版社

地　　址：北京市东城区景山东街20号　　邮政编码：100009

电　　话：010-64041652 （发行，邮购）

传　　真：010-84045799（总编室）

网　　址：www.taimeng.org.cnthcbs/default.htm

E - mail：thcbs@126.com

经　　销：全国各地新华书店

印　　刷：三河市越阳印务有限公司

本书如有破损、缺页、装订错误，请与本社联系调换

开　　本：710毫米×1000毫米	1/16	
字　　数：160千字	印　　张：10	
版　　次：2024年5月第1版	印　　次：2024年5月第1次印刷	
书　　号：ISBN 978-7-5168-3858-7		
定　　价：59.80元		

前言

父母是孩子的第一任老师，父母的教育将决定孩子的一生。苏联教育家克鲁普斯卡娅说："父母是天然的教师。他们对儿童，特别是幼儿的影响最大。"

我们总是一边羡慕那些养出了有成就的孩子的父母，一边慨叹自己的孩子不争气。

妈妈们心目中"最牛的母亲"是尹建莉，她的女儿曾跳级两次，16 岁参加高考，取得了超过当年清华录取分数线 22 分的优异成绩，被内地和香港两所名校同时录取。

尹建莉老师的一位老同学在看了《好妈妈胜过好老师》后说："我原来只看到我的孩子和你的孩子之间的差别。自从看到你的这些文章，才发现这差别原来是我和你之间的——作为母亲，你是把孩子精心教育大了，我其实只是把孩子养活大了。"

有研究发现，家庭教育在孩子成长过程中起到的作用占 80%左右，学校教育占 15%左右，而社会教育则仅占 5%。也有调查显示，在中国，有 2/3 的家庭存在对子女教育不当的问题。

对孩子，我们缺的不是爱，而是教育、引导他们的方法。比如，我们只顾担心孩子玩水弄湿了衣服而感冒，却不曾关注孩子戏水获得的快乐；比如，我们因怕孩子摔着、磕着而一路呵护，万般叮咛，却剥夺了孩子尝试的机会；再比如，我们只顾对孩子的成绩指手画脚，却忽略了孩子内心的感受。

扪心自问，我们是在养活孩子还是在教育孩子？

当然，没有天生的好父母，好父母只是善于学习，不断成长。尹建莉老师说："对家长，我想说的是，儿童教育已经从'自然放牧时代'过渡到'圈养时代'，家长不学习不行了。"

无论你是谁，从事什么职业，在孩子面前都只有一个身份——父母。面对孩子成长中不断出现的问题，每一对父母都难免会手足无措，头疼发火。

作为父母，我们要学习如何面对孩子的拖拉。看到孩子磨蹭，一点时间观念都没有，很多父母就忍不住对孩子"催催催"。殊不知，孩子的意识尚在觉醒中，就像一颗刚刚破土而出的嫩芽，催促就像拔苗助长，只会毁掉孩子内在的成长动力。

我们也要学习如何面对孩子的脆弱。当孩子因为一点小事就哭，很多父母就忍不住内心的烦躁，粗暴制止。但孩子的坚强不是逼迫出来的，而是鼓励出来的。

我们还要学习如何面对孩子的错误。孩子一做错了事，很多父母就忍不住对孩子大吼大叫，甚至不问清楚缘由，对着孩子就是一顿狂风暴雨式的数落。结果，孩子就像受惊的麻雀，缩在墙角下，不知所措。

父母对孩子的爱源自天然，这天然的爱如果不加控制也会变成"毒药"。真正的爱，是关注孩子的内心需求，关注孩子性格的培养、情商的教育、习惯的养成、能力的提高等。

教育其实就是父母和孩子一起成长的过程。在这个过程中，父母只有不断地学习掌握科学的教育方法，使自己成为孩子的成长导师，才能引领孩子成为更好的自己。

本书选取了孩子成长过程中最为常见的问题，总结为七个方面，为大家分析和解决了"如何帮孩子战胜拖拉磨蹭""如何安抚孩子的情绪""如何鼓励孩子""如何赞美孩子"等问题。每节从生活情景切入，分析精准到位，方法实操性极强。

只有失败的父母，没有平庸的孩子。只要教育得当，任何一个孩子都可以成功，这绝不是异想天开。只要家长付出努力，就能让自己和孩子拥有极大的收获。

目录

CONTENTS

第1招

不催不吼——帮孩子战胜拖拉磨蹭

第 2 招

温柔安抚——治愈孩子的"玻璃心"

第 3 招

暖心鼓励——培养孩子的社交力

第 4 招

有效赞美——夸出主动学习的"小学霸"

第 5 招

积极引导——教孩子勇敢保护自己

第 6 招

正确共情——帮孩子正确面对坏情绪

第 7 招

适度放手——让孩子学会自己管自己

第1招

不催不吼

帮孩子战胜拖拉磨蹭

1 为什么父母越催，孩子越慢

"快点！快点！你给我快点！来不及啦！"每天早上，妈妈匆忙地做早餐，送孩子上学，但孩子看着却一点都不着急，做什么都磨磨蹭蹭，妈妈急得连骂带催……每个上学日都是如此鸡飞狗跳。

情景再现

早上，妈妈催欣欣快起床。欣欣睁开眼看一下，又闭上了。过了几分钟，妈妈又来催，她这才慢吞吞坐起来穿衣服。又过了一会儿，妈妈看她连上衣都还没穿好，生气地说："你能不能快点？早饭都凉了。"

欣欣嘴里答应着，动作却没有加快一点。最后，她好不容易挪到餐桌上，开始吃早饭。妈妈看看表，再次催促道："快点吃，别磨磨蹭蹭的！"欣欣没说话，对面前的食物也没什么兴趣，拿着面包片，半天才送到嘴里咬一口。

情景分析

面对孩子磨磨蹭蹭，父母总是习惯"催催催"。但是父母越是着急，孩子往往越是磨蹭。孩子不仅把父母的话当作耳旁风，还会产生逆反、厌恶心理，结果越催越慢。

其实，孩子也明白做事磨磨蹭蹭就会迟到，他也不想迟到。可当你不断焦急地催促他时，他反而不着急了，因为他的注意力被你转移了。此时"迟到"反而不是最重要的事情，对"自由"的争取在他心里才是最重要的。于是，你越催，他越慢，因为他要"抗争"。

心理学上有个词叫"超限效应"，是指一个人受到的刺激过多、强度过大或时间过长时，可能会感到极度的不耐烦、逆反。这个词来源于马克·吐温的经历：他听牧师演讲，开始很受感动，决定多捐点；10分钟后，牧师还在讲，他有点烦了，决定捐一点零钱算了；又10分钟过去了，牧师还在讲个不停，他决定一点也不捐了。等到牧师终于结束了演讲，马克·吐温愤然离席，分文未捐。

这种由于刺激过多或作用时间过久，而引起逆反心理的现象，就是"超限效应"。

父母不停地"催催催"，不仅会让孩子行动越来越慢，还可能会影响孩子的性格。经常被父母催的孩子脾气会比较急躁，特别容易发火。就算长大后远离家庭环境，他们也会在做事时无形中感到压力，很容易因为一点小事就心烦意乱，而且缺乏耐心。

专家建议

那么，父母如何来解决孩子磨蹭的问题呢？

✦ **用正面引导替代催促**

父母如果总是用催促的口吻和孩子说话，孩子会潜意地识获得一些信息：在爸爸妈妈看来，我就是个磨磨蹭蹭的孩子。这会打击孩子的积极性，让孩子行动起来更为缓慢。

为了解决这个问题，不妨换一种方法。比如，在看到孩子不好好刷牙时，妈妈不要再问孩子为什么还在玩，可以说："等你刷完牙，就可以过来吃美味的早餐啦！"

正面引导会让孩子产生积极情绪，更容易做好该做的事情。

✦ **允许孩子磨蹭一会儿**

对于父母来说，在自己要坚持的原则性问题上不能退让，比如晚上 9 点之前必须睡觉，吃完饭才能离开桌子。这就需要父母告诉孩子"先做完规定的事，才能做想做的事"，帮助他们养成自律的好习惯。

而在那些不太重要的事情上，可以允许孩子磨蹭一会儿。比如，周末出去玩时，多给孩子一些准备时间；吃饭的时候每次少盛一点，让孩子按自己的速度慢慢吃；洗手时让孩子慢慢洗，毕竟干净更重要。过度催促会让孩子觉得自己做得不够好，进而影响到孩子的自信心。

✦ **一次只给予一个指令**

孩子的理解能力有限，对于一系列的指令是听不明白的。父母可以教孩子一步一步来，比如睡前洗漱时，先和孩子一起刷牙，刷完牙后再一起洗脸。父母要把任务碎片化，让孩子有时间消化。

刚开始也许每天会多耽误 30 分钟，但养成习惯后，孩子做事的速度就会得到提高。带着孩子慢慢成长，是父母的责任。

✦ **设立记功簿**

孩子快速做完一件事后，父母及时夸奖会产生积极意义。孩子若是磨蹭拖拉，那就不要不停地唠叨，以免让孩子越来越慢。

尹建莉老师提出过"给孩子设立记功簿"的方法，即当孩子做事保质保量时，父母就让孩子在本子上打钩，后面写上——"今天花 40 分钟就完成了所有作业"。这些记录能帮助孩子养成良好的习惯，也会暗示他们自己要主动加快速度。

2 强化专注力，告别写作业拖延症

很多孩子写作业的时候总是静不下心来，手里不停地摆弄橡皮，一会儿喝水，一会儿上厕所，外面有一点声音就跑出去看看……本来一个小时能完成的作业，居然用了三个小时。

情景再现

元元放学回家后，摊开作业本写作业，可还没写多少就坐不住了。他先是喝了一杯水，然后刚坐下又去上厕所。接着，他拿来一个苹果边吃边写了几个字，又问妈妈："我几点可以去楼上找小星玩……"

你能不能安安静静把作业写完？！

妈妈，我几点可以去找小星玩？

情景分析

很多孩子写作业时注意力不集中，坐不住，总想东看看西看看。有的家长就会对孩子说："你瞧你怎么就坐不住？""你瞧你像什么样子，坐不了几分钟就跑出去。"这些话其实在慢慢塑造孩子，孩子脑子里会形成一种印象——我就是坐不住的孩子。

要让孩子集中注意力，就要让孩子相信自己能够坐得住。家长要多给孩子贴"正向标签"，在孩子写作业时，要多观察孩子做得好的一面，并及时指出来，比如："今天注意力比昨天集中多了，玩东西的次数少了。""今天又有进步，在做数学作业时，我看到你足足有 20 分钟在认真做题。"多从正面挖掘，这样会激发孩子想做得更好的动力。

孩子写作业时，桌上的玩具等东西，往往会分散他的注意力。我们要为孩子准备一个安静的、不受干扰的学习环境，让孩子能全神贯注地学习。在孩子学习的时候，家长要监督孩子远离电脑、电视机、手机和玩具等会分散孩子注意力的东西，不要让孩子一边学习一边做其他事。

另外，孩子学习的时候，我们也要克制一些，不要在家里看电视、打麻将，大声谈笑，以免嘈杂的声音干扰孩子，让孩子难以静下心学习。总之，家长在孩子学习的时候，要尽量为孩子排除一切干扰孩子学习的因素。

将孩子长期放在充满噪声的环境下，会影响孩子的听力状态，这样做就会影响孩子后期的专注力。过大的噪声会让孩子无法将注意力集中在该专注的事物上，甚至影响到孩子的情绪发展。

另外，孩子学习的房间要整洁、明亮，不需要繁复的装饰，简洁舒适即可。电脑和电视不要放在孩子的房间里，玩具收起来放到柜子或箱子里，以免在孩子学习的时候分散他们的注意力。没有条件的情况下，也最好为孩子准备一个学习角，安置书桌和椅子，让孩子有一个安心学习的地方。

稳定持久的注意力是学习习惯中最重要的一个方面。注意力集中的孩子，不但完成作业比较快，而且质量好、效率高。善于集中注意力的孩子学习起来比较省力，效果比较好，也因此有更多的时间休息和进行娱乐活动。

那么，父母应该如何培养孩子的注意力呢？

✦ 把作业分段

父母要先了解孩子当天的作业量。如果孩子的作业太多，可以把作业分两个或三个阶段来完成。比如，先让孩子做 15 分钟的作业，完成后休息一会儿，然后再做 15 分钟的作业，再休息。当孩子的注意力提升之后，往后所规定的时间就可以慢慢延长。等孩子养成高度集中学习的好习惯时，就不用再分割时间了。

✦ 限时鼓励法

根据孩子的作业量，给孩子规定一个完成作业的时间。我们可以先征询孩子的意见，比如："语文 40 分钟能做完吗？数学 30 分钟能做完吗？如果在规定时间做完，给你贴上 1 颗小星星。当达到 5 颗小星星的时候，爸爸会奖励一个你喜欢的东西或带你到动物园去玩。"通常情况下，孩子是会乐意接受的。

如果孩子做作业不太专注，有拖拉的行为，大人可在旁边提醒一下，比如："已经做了 15 分钟了，小星星在等着你呢！"这时，孩子也许会重新集中精力继续做下去。

✦ 中途安抚法

举一个例子来说明，比如当发现孩子做作业拖拉，家长感到必须制止时，可以走到孩子身边，一边抚摸他的头，一边说："是不是遇到了难题，做不下去了？要不要妈妈帮你一下？"

家长这样做，首先把孩子的注意力拉回到学习上。通常情况下，孩子会说没有难题，自己会做。这时大人要表现出一种平静的神情："你很聪明，马上会做完的。妈妈等着你好吗？"这种方法，实际上首先是中止了孩子拖拉的行为，然后使孩子明白：大人在关注他，希望他快一点完成作业。

3 叫孩子起床的正确方式

到了快上学的时间，孩子就是不肯起床。很多家长的第一反应往往就是催促，甚至生气发火，但这不仅不能让孩子加快速度，还极有可能招致孩子的反感。

情景再现

周一早晨，妈妈喊妞妞起床。但她实在太困了，嘴里"嗯"了一声，转过身又睡了。

妈妈看在眼里急在心里，直接开启了催促模式："妞妞，再不快点就要迟到了！"

"妞妞，快点啊，再不快点真要迟到了！"

"如果迟到了，会被老师批评啊！"

"你再不起，妈妈就生气了！"

......

情景分析

"我们快迟到了"，这种表达方式其实借助的是一种"惩罚"机制，想要通过可能受到的"惩罚"让孩子长记性。大量研究表明，以提示孩子严重后果相"威胁"，作用并不大。即便父母告诉孩子的严重后果是事实，但只要让孩子感到威胁，他们就会选择逃避，并拒绝接受。

当喊了几遍，孩子仍然在被窝里没动静，或者穿衣服磨磨蹭蹭，父母就会怒火中烧，忍不住采用粗暴的方式，比如大声喊叫、拍打被子、强行掀开被子等，来让孩子迅速清醒。

这种"暴力叫醒法"也许的确能把孩子唤醒，但对孩子的危害也很大。

一是生理上的危害。

众所周知，睡眠质量对于孩子的身体和大脑发育至关重要。粗暴地叫醒孩子，让孩子在睡眠中受到突然的惊吓，会严重影响他们的睡眠质量，进而影响孩子的身体和大脑发育。

而且，粗暴地叫醒孩子，会让孩子感到很大的压力；长期如此，会增加孩子的心理负担，导致出现健康问题。

二是心理上的伤害。

睡眠中，孩子正处于一种无意识的状态，此时他们的心灵是不设防的，很容易受到"暴力叫醒方式"的伤害，产生恐惧和不安。睡眠安全感被破坏，对孩子的心理健康会造成负面影响。

三是情绪上的伤害。

"暴力叫醒方式"也会影响孩子的情绪，让他们感到非常生气或沮丧，情绪和智商受到影响。孩子会因此变得更容易发脾气，对生活缺乏耐心和信心。而且这种情绪累积多了，迟早会爆发出来，让孩子变得更加叛逆。

四是自理能力的伤害。

如果长期粗暴地叫醒孩子，孩子会逐渐失去自理能力。他们会变得不会自己安排时间，无法掌握自己的睡眠和起床的节奏。这种自理能力的缺失，会让孩子在未来独立生活和学习中遇到诸多困难。

早晨叫醒孩子，看似是一件小事，但实则对孩子的伤害可能比想象的还要多。因此，我们应该采用科学的方法来叫醒孩子，以减少粗暴叫醒带来的危害，同时也帮助孩子养成良好的习惯，提高自理能力。

专家建议

那么，父母该用什么样的方式叫醒孩子呢？

✦ 借助玩具

对于年龄较小的孩子，我们可以利用孩子喜欢的玩具，比如小狗、小熊、小汽车等，作为唤醒他们的工具。利用道具时，需要搭配有童趣的语言。

比如，一位妈妈拿来孩子的玩具小熊，放在她的鼻子下面，说："我是小熊，我都起床吃蜂蜜了，你怎么还不起床啊？"孩子睁开眼，又闭上了。妈妈又拿小熊的爪子挠了挠孩子的脸，哀求道："今天能不能让我陪你去上学？我来帮你拿衣服好不好？"妈妈用小熊的爪子抓着衣服递给孩子，孩子终于坐起来，开始穿衣服。

✦ 借助闹钟

闹钟的作用表面是在提醒孩子该做什么，实际上，它也是在帮助孩子从父母的唠叨和催促中解脱出来，重获对时间的掌控感。研究表明，孩子如果能够掌控一件事，就会更加喜欢做这件事，进而表现更好。

六一儿童节，妈妈买了一个漂亮的粉红色兔子闹钟，送给孩子做礼物。

妈妈："兰兰，喜欢这个小兔子吗？它会唱歌。"

兰兰："喜欢。"

妈妈："那以后每天早上，就由她叫你起床吧。它一唱歌，你就起床穿好衣服，好吗？"

兰兰："好的，妈妈。怎么定闹钟，你教教我。"

孩子自己确定时间，定好闹钟，这种自己说了算的感觉，不仅能让孩子增强时间观念，也会让孩子越来越自信和自律。

送孩子的闹钟，可以尽量选那种外形独特可爱、新奇有趣甚至脑洞大开的，以吸引孩子。比如，有一款独特的气味闹钟，它通过散发各种不同味道的香气，来唤醒孩子起床。只需要每次在睡前先设置好时间，在闹钟上方将气味盒放进去。等到了早上，闹钟就会散发气味，直到使用者醒来为止。如果在3分钟之内还没有起床，闹钟就会自动响起。

此外，我们也可以利用手机里独特的闹钟。比如，手机App里的怪物闹钟，它的整体界面特别可爱，而且有50多种免费的闹钟界面可供选择。

让孩子参与制订计划，激发主动性

孩子不愿意执行计划，多半是因为自己仅仅是被动的计划执行者。父母在制订计划的时候，没有考虑孩子的感受，也没有和孩子商量。比如，放假第一天，父母就甩给孩子一张满满的计划表，命令孩子照做，孩子肯定是不愿意配合。

情景再现

放假了，妈妈给昊昊制订的计划很详细，包括什么时间写作业，什么时间看电视，什么时间出去玩，甚至连午休时间都写得明明白白。上班前，她把计划贴在昊昊的写字台前，并嘱咐昊昊照着计划做。

可是，妈妈下班回家后，发现昊昊把她的计划当成了耳旁风，作业一个字都没写。

妈妈批评了昊昊，昊昊委屈地说："好不容易放假了，我想痛痛快快玩玩，可你的计划列得跟学校的课程表差不多……"

情景分析

之所以会出现这样的"无效计划"，很大一部分原因便是孩子没有参与。父母在单方面给孩子制订计划的时候，很少会考虑到孩子真实的感受。父母认为这样的计划十分合理，但孩子会因为感觉被强迫、被控制，而不愿意去认真执行。教育专家表示，家长在制订计划时应征求孩子的意见，让孩子参与进来。

有参与感才有主动性，这就像一个调皮捣蛋的孩子总是违反纪律，而老师偏偏让他当了纪律班长。他的责任感被激发出来，他就不好意思再带头捣乱。制订计划也一样，让孩子参与进来，自己做主，更能激发他的主人翁意识，对执行就不会那么排斥了。

有参与感，才能让孩子感受到尊重。父母可以和孩子一起商量计划的内容，让他感受到自己的独特性和重要性。比如，关于放学后的时间，父母可以与孩子共同探讨一下每天回家后的时间安排，看看写作业、练琴等活动大概需要多少时间，每天看电视的时间，以及其他睡前安排。

再比如，为了避免迟到，父母可以和孩子一起商量几点起床。让孩子先排列从起床到出门要做的所有事，包括穿衣服、上厕所、洗漱、吃早饭等，然后推算出所需时间，最后确定起床的时间。

父母如果是真心想让孩子参与制订计划，就要认真对待孩子的意见，只要孩子安排相对合理，哪怕和父母的预期有点偏差，也应表示支持。

专家建议

那么，父母应该如何让孩子参与制订计划呢？

✦ 换位思考

既然是和孩子一起制订计划，那么在制订计划前，就要换位思考一下。比如，在确定写作业的时间前，虽然你很想建议孩子放学到家后立即写作业，但还是先想想自己下班回到家，是不是会立即加班工作？是不是会先喝杯水，吃点东西，然后才开始工作？带着这种感受和孩子沟通，询问孩子是不是放学到家先休息 20 分钟，然后吃点水果再开始写作业。相信孩子一定会愿意配合。

✦ 询问意见

有时候，孩子的内心会比较迷茫，不太清楚自己究竟想要的是什么。所以，要与孩子深入交流，了解孩子真实的想法，根据孩子的实际情况，帮助孩子拆解目标，确立一个切实可行的计划。在这个过程中，切不可忽视孩子自己的意愿，即便是最小的习惯，也要和孩子商量着来，以增加孩子的参与感和认同感。

比如，在和孩子商量计划先从哪一项开始时，不如先询问孩子的意见，看看孩子是更喜欢数学还是英语，是更愿意每天多背一首诗还是愿意每天多看一页书。

✦ 和孩子一起制作日程表

将明确的日常安排可视化，有利于敦促孩子遵守"规则"。日程表的内容需要简洁明了，但样式可以花哨一些，让孩子画上花边花纹，将完成日常任务当作是一场游戏、一个约定。这样能在一定程度上调动孩子的积极性，从而增强孩子自发完成任务的内驱力。

✦ 计划要有一定的灵活性

计划不是绝对不变的，应根据实际情况和执行计划中遇到的问题允许有些变动。例如，某天孩子因参加运动会觉得身体非常疲倦，那就应该及时改变计划，让孩子早早休息。如果单纯为了执行计划，你硬要孩子一边打盹儿一边坚持在规定的时间里学习，或是不解完十道题目就不睡觉，那就无异于削足适履了。

学习计划既要有灵活性，又必须以基本不变为原则，这样才有利于孩子养成良好的习惯。倘若把什么情况都看成是例外，随便变更计划，就难以养成好习惯。所以，在一开始制订计划时就要考虑留有余地，计划一旦订好之后，就尽可能不要变动。坚持这一原则十分重要。

5 承担拖延后果，让孩子为自己负责

虽然父母对孩子的拖拉痛恨至深，但一旦孩子因为拖延误事，父母又会立即冲上去帮忙。其实，在特定的时间，让孩子尝点"苦头"是有必要的。你总替孩子的拖延埋单，结果就是孩子从不把拖延当回事。

情景再现

每天早上上学，曼曼总是慢吞吞的。为了避免迟到，妈妈会拽着她赶紧出门。

因为慌乱，曼曼经常忘带一些东西，一个月总有几次，不是忘带课本，就是忘带作业，要么就是忘带餐具。每次，妈妈接到电话，不管多忙，都立即返回家，拿上东西，直奔学校。

曼曼也习惯了，忘记带东西，妈妈会给送的。有一次，妈妈因为外出，没有及时把她忘在家里的英语课本送过去，她非常生气地埋怨妈妈。妈妈这才意识到，自己如果一直帮孩子收拾烂摊子，那么孩子永远也学不会为自己的行为负责。

情景分析

心理学家表示，一个人选择了一个行为，也同样选择了这个行为所带来的后果，只有承担了后果他才能去衡量之前选择的行为是不是对的，以后还要不要这样做，以后到底该怎么做。只有让孩子承担了行为的后果，才能真正地培养出孩子的责任心。

很多孩子缺乏时间观念，主要原因就是父母的全权代理和过分保护。这样会让孩子习惯于把责任推卸给父母，比如上学迟到，就埋怨父母不早点喊自己起床。

只有让孩子亲身体验拖拉磨蹭的后果，认识到拖拉磨蹭给自己带来的危害，尝到苦头，孩子才会自觉进行时间管理。

成长都是在体验中进行的，因为体验带来的是货真价实的经验，而经验是成长必备的财富。每个孩子都是在体验失败、麻烦、挫折之后，才学会去应对。如果父母替孩子挡下一切，铲平前进路上的一切，孩子的能力发展就会十分缓慢，心理年龄也会远远低于生理年龄。

法国教育家卢梭提出的"自然后果法"，被奉为最有效的教育手段。这一教育方法的核心思想是，如果孩子犯错导致了不良后果，那就让孩子"自作自受"。亲身体验不良后果，有助于孩子吸取教训。

自然后果法的精髓在于"自然"，如果孩子做得好会得到好结果，如果做得不好自然要承担不良后果，这就是成长。父母永远无法代替孩子成长，所以不如顺应自然，让孩子去承担自己该承担的。何况，孩子在小时候遇到的都是小小的困难，但这也正给孩子提供了学习的机会，也为他们在长大后遇到更大的困难做好了准备。

专家建议

父母要让孩子承担自己的责任，但在具体执行的过程中，需要注意以下几点：

✦ "告知"而不是刻意阻止

父母总是不希望孩子犯错，为了阻止不良后果发生，就会通过各种手段去帮忙。比如，为了阻止孩子迟到而挨老师批评，就不停地唠叨，甚至代劳一切，来让孩子快点到学校。自然后果法重视的就是不良后果带给孩子的心理感受，如果父母根本不让这种后果发生，那自然后果也就失去了意义。

父母要做的不是阻止，而是"告知"，让孩子自己选择。比如，你可以告诉孩子，如果起床晚了就会迟到挨批评，而不是为了能让孩子快一点，就帮孩子穿衣服。父母一定要注意自然后果法的使用态度，最好遵循"事不关己"的姿态，这样才能让孩子主动扛起自己的责任。

✦ "自然后果"发生后慎用惩罚

很多家长会选择把作业给孩子送过去，但放学后，会对孩子进行训斥和说教，甚至会因为这件事对他进行惩罚：晚上不允许玩游戏、禁止吃零食一周……

这些惩罚式的教育简单、粗暴，看似很管用，往往一两次会收到非常好的效果。但这种伤害孩子感情或者身体为代价的做法，容易引起孩子更极端的情绪：反抗、憎恨、疏离甚至报复。他们可能表面上遵照父母的要求做了，但内心是抗拒的，不仅抗拒父母的命令，更会疏远与父母的关系。

✦ 和孩子商量，应对拖延带来的问题

如果拖延会导致遗忘，那就和孩子一起做一个出门小贴士。父母可以帮助孩子做一个出门小贴士，引导孩子在出门之前先看小贴士再出门，例如钥匙、乘车卡、书包、红领巾、作业本、昨天老师提醒的内容……时间久了，孩子慢慢就养成了提前准备、三思后行的习惯了。

孩子在犯了错或者行为不当的时候，家长总觉得自己需要做一些事，来帮孩子记住教训，比如帮孩子解围、惩罚他们、对他们进行无休止地说教。相比之下，让孩子自己承担相应的后果，则要求我们退后一步，让生活成为孩子的老师。只要这些"后果"在安全范围内，我们都是可以让孩子自己去承担的，只在孩子需要的时候提供鼓励和指导。

尊重成长的节奏，允许孩子慢慢来

每一个孩子都有自己成长的节奏，我们作为父母，最需要的就是耐心。停下来等一等孩子，不要着急。孩子在一步步成长，自然有他自己和世界的独特的相处方式，父母需要尊重孩子的节奏，允许孩子慢慢来。

情景再现

晚上9点，妈妈就催沐沐去洗漱。

10分钟过去了，妈妈看到沐沐一边拿着牙刷，一手在另一胳膊上比画，一边唱昨天刚学的儿歌。

妈妈强压住嗓子眼里蹿出的怒火，大声说："沐沐，我们得赶紧收拾，该睡觉了！"

沐沐却不慌不忙地往头上别发夹，说："今天你可以给我讲个故事吗？"

"不行！"沐沐妈一边斩钉截铁地拒绝，一边给她洗了一把脸。

情景分析

实际上，孩子有自己的做事节奏，而且大人和孩子的节奏存在生理、智力方面的巨大差别。日常生活中做同一件事情，比如洗漱，孩子所用的时间往往要更长。这不仅因为孩子的熟练程度不够，还因为孩子的肢体动作仍不足够协调。而且，"快"只是父母主观意义上的，根本没有一个明确的标准，孩子也就不清楚到底怎么快，怎样才算快。

孩子感觉最舒服的节奏就是顺应自身的生理节奏，如果逼迫孩子加快节奏，可能会影响孩子身体的激素分泌，对他们的身体和心理造成伤害。

但有些父母会说："这有什么办法啊，现在的社会节奏那么快，我不催孩子，他的事情就做不完啊！我哪有那么多时间陪他瞎耗！"他们担心别人家的孩子都在向前冲，自家这个要被大部队抛下了。

太多的父母都被焦虑裹挟，看到邻居的孩子会背唐诗、会计算，就埋怨自己的孩子什么都不会；看孩子贪玩，就觉得孩子会误了大好时光，忍不住斥责，强迫孩子去学习；看到孩子上课注意力不集中，屁股坐不住，就认为孩子有多动症，于是四处求医问药；看到孩子没考及格，就怒火中烧。孩子入学后，眼睛更是盯着孩子努力，恨不得快马加鞭，让孩子冲在别的孩子前面。

在我们努力拽着孩子奔跑，让孩子处处抢先的时候，顾不上孩子脚步踉跄，更无暇顾及孩子的内心。我们忘了孩子还是个孩子，他的心智尚不成熟，他的很多能力有待发展，很多事对现在的他来说实在是太难。也许短时间内，我们看到了孩子的快速成长，但长远来看，却贻害无穷，甚至上演拔苗助长的悲剧。

意大利教育家蒙台梭利说："每个孩子的成长都有一个程序，在某个年龄阶段该领悟什么样的知识，掌握什么样的能力，是固定的，你没办法强求，若是过分地加以干涉只会毁了他。"

专家建议

所以，请把孩子当孩子，给孩子足够的时间去成长。让孩子慢慢来，说起来容易，做起来未必容易。尊重孩子成长的节奏，父母究竟该如何做？

✦ 不要用成人的标准去要求孩子

父母不要用自己的标准去判断孩子的逻辑，也不要用自己的"快"去匹配孩子的"慢"。在孩子眼里，父母因为觉得时间紧迫而不断催促和责骂，就是一种厌弃。他们心里想的是：如果我不快点，妈妈是不是就不爱我了？而不是像父母期望的那样，孩子会加快速度，提高效率。

✦ 给孩子适应的时间

孩子有自己的成长节奏，父母需要先分析一下孩子做事慢的原因。如果是孩子的性格原因，父母就要有耐心，让孩子从小事做起。给孩子一定的适应时间，孩子能够尽力把事情做好即可，不应过分要求。

若是因为孩子的注意力差，父母可以在孩子学习时，创设安宁平和的环境，减少外界对孩子的干扰。若是由于父母不良习惯的影响，那就需要父母及时改正，以身作则。

✦ 了解孩子"慢"的原因

作为父母，在孩子慢的时候，要主动蹲下来看看孩子为什么慢。是因为不会，遇到了困难？还是因为好奇，正在探索？还是想要引起关注？其实，更多的时候，孩子的慢并不是故意和父母作对，也不是单纯的贪玩，而是他们对时间没有感知。

就像我们小时候总是盼着长大，如今的孩子也一样。我们要理解孩子对时间的感知，不苛求，不指责，慢慢引导。

✦ 着急时，替换家长陪伴孩子

父母无法忍受孩子的拖拉行为时，会生气、着急。这个时候，不妨和爱人协商好，当一方有情绪的时候，让另一方过来替换，互相协助，陪伴孩子，以避免自己控制不住情绪，冲孩子发火。

第2招

温柔安抚

治愈孩子的“玻璃心”

别嘲笑，孩子胆小需要鼓励

孩子说害怕的时候，尤其是男孩，常常会遭到父母的轻视或嘲笑，这只会进一步加重他们的不安全感和恐惧感。

情景再现

小泽不敢晚上一个人睡觉，缠着妈妈不让走，妈妈鼓励道："你已经5岁了，是个男子汉了，勇敢一点啊！"

小泽委屈地说："可是，我害怕……"

妈妈问："那你告诉我，你害怕什么啊？"

小泽说："我怕鬼。"

妈妈嘲笑道："哪有什么鬼啊，倒是有你这个胆小鬼，别瞎想了，快睡觉吧！"

情景分析

"我怕黑""我害怕怪物""我怕坏人来抓我"……小孩子总会害怕各种各样的事物，大多数父母都会觉得孩子是大惊小怪，或者嘲笑孩子是胆小鬼，或者鼓励孩子勇敢一点，但这样做不但不能消除孩子的恐惧，还会让孩子觉得孤立无援。

害怕是人类为了躲避伤害而表现出来的一种本能的情绪反应，属于自我防御机制，这在孩子身上表现得尤为频繁。心理学研究发现，孩子在 12 岁以下的时候，很容易感到害怕，且每个时期都有特别害怕的事物。

比如，2 ~ 4 岁的孩子害怕动物，特别是狗；6 岁左右的孩子害怕雷电、怪物，不敢独处；7 ~ 8 岁的孩子怕死，怕坏人闯进家门；再大一些的孩子害怕被嘲笑……孩子为什么会生出这些稀奇古怪的害怕的情绪呢？

一个原因是，某些痛苦的经历会给孩子留下深刻的印象。1920 年，心理学家约翰·华生做了一个实验，即小阿尔伯特实验。

小阿尔伯特是一个 9 个月大的男孩，他刚开始并不害怕白色的、毛茸茸的事物。约翰·华生开始给小阿尔伯特看一只小白鼠，当小阿尔伯特聚精会神地盯着小白鼠时，就制造一声巨响将小阿尔伯特吓哭，然后安抚小阿尔伯特平静下来，再重复以上过程。

小阿尔伯特渐渐开始害怕小白鼠，并将恐惧泛化为害怕所有白色的、毛茸茸的事物，比如白色的兔子、白色的狗、白色的皮草大衣，甚至是圣诞老人的白胡子。

孩子感觉到害怕，也可能与陌生的环境有关。孩子对环境十分依赖，如果环境是熟悉的，孩子就会感到安心。一旦环境有所变化，孩子就会没有安全感，感到害怕。

另外，孩子的认知水平不高，有很多事情都不能理解，如黑暗、雷电、吹动的窗帘等，都会让孩子感到恐惧。

恐惧是孩子保护自己免受伤害的本能反应，本身与胆小、勇敢没有关系。面对孩子的"害怕"和"不敢",父母如果用"胆小"来进行评价,非但不能激励孩子鼓起勇气踏出那一步,还会使孩子怀疑自己的能力,萌生出自卑感。因为自卑,孩子在面对一些挑战的时候,便更加不敢去尝试,由此形成恶性循环。

儿童心理学家指出:"受刺激时产生恐惧是正常的,适当的刺激能够锻炼孩子的承受能力和胆量。相反,没有体验过恐惧的孩子,长大后更容易变得胆小怕事,缺乏应对突发事件的能力。"可见,孩子会害怕不一定是一件坏事,关键就在于父母和孩子对于恐惧的态度。

专家建议

那么,当孩子说害怕的时候,父母该如何应对?

✦ "打败"吓到孩子的事物

当孩子害怕未知的事物时,父母无须和孩子反复说到底有没有这个东西,到底需不需要害怕。父母可以当着孩子的面,"打败"吓到孩子的事物。比如,孩子觉得床下有东西,父母可以告诉孩子:"我有办法打败它。"然后对着床下喊:"速速退散!速速退散!"然后,父母就可以宣布自己把吓到孩子的东西赶跑了,然后让孩子记住口诀,下次自己上阵。

✦ 送给孩子一个"保护神"

很多时候,孩子害怕就是因为缺乏安全感。因此,父母可以送孩子一个"保护神",提高孩子的安全感。比如,孩子看过的动画片中有勇敢、强大的角色,父母可以送孩子一个角色玩偶,或者这个角色的周边玩具,告诉孩子:"他会帮爸爸妈妈保护你的。"或者,父母也可以选择神话故事中的英雄人物,给孩子讲相关故事,告诉孩子:"怪物来了,××会保护你的。"

✦ 为孩子提供锻炼的机会

在日常生活中,父母要注意给孩子提供锻炼的机会,鼓励孩子多与外界接触、多与人交流,让他们从一点一滴的小事开始尝试,开阔眼界,提升自信心。

2 孩子输不起时，引导孩子接纳失败

很多孩子输不起，玩游戏时父母赢了，孩子立刻找理由反悔，要求再来一次；父母在这边欢天喜地鼓励孩子参与比赛，孩子却在那边因为没得奖而闷闷不乐，甚至会嫉妒别人，无法接纳自己的失败。

情景再现

小胖垂头丧气地从篮球场上下来——和隔壁班的篮球比赛输了。

爸爸："输了就垂头丧气，这可不好。"

小胖一听，眼泪就要掉下来了。

小胖："他们班根本没我们班打得好，裁判偏心！"

爸爸："输了还找借口，输不起怎么赢得起？"

输了就垂头丧气，可不好。

裁判偏心！

情景分析

孩子为什么输不起？心理学家威廉·杰姆斯曾说过："人性最深层的需要就是渴望别人的欣赏和赞美。"在刚出生的时候，孩子并不懂什么输赢、胜负，但他们需要他人的肯定和赞美。孩子在 3 岁时会出现好胜的倾向，无论做什么事情都希望自己是"胜出"的那个人，希望得到他人的肯定和赞美。这会让孩子很有成就感，并且享受这种感觉。一旦输了，无法得到更多的认可，被忽略、被冷漠对待的感觉，会让孩子感到沮丧、愤怒。

另外，很多父母都会有意无意给孩子灌输"第一是最好的"的观念，甚至会用"别人家的孩子"来刺激自家的孩子。当孩子只有在取得成绩才能得到父母的夸奖时，孩子就会自发地去争取更好的名次，以得到爸爸妈妈更多的夸赞和爱。

一些父母虽然没有要求孩子一定要争第一，但"争取""努力""尽力"这些字眼儿，却会让孩子误以为"爸爸妈妈觉得我是有能力做到的。我没有做到，是因为没有努力争取。只要拼尽全力，我就一定能做到"。

孩子的好胜心，如果父母引导得当，会变成孩子进步的动力；如果引导不当，就会逐渐转变成对"赢"的偏执。他们可能会因为"输不起"而出现反抗、耍赖等行为。如果行为得逞，他们之后很可能故技重施；如果不能得逞，则产生更多的复杂情绪，如逃避、愤恨等。

甚至有些孩子会干脆放弃努力，因为在他们看来，不做事自然就不会犯错。于是，这些孩子就一直待在自己的舒适圈里，不能提高能力，变得越来越"玻璃心"。

专家建议

有赢就有输，让孩子明白比起"输"这个结果，从失败中总结经验教训，发现自己和他人的差距才是最重要的。那么，父母该如何做，才能让孩子坦然接受自己的失败？

✦ 不故意让着孩子

因为孩子"输不起"，或者为了哄孩子高兴，很多父母就故意让着孩子，结果孩子赢习惯了，更加输不起。比如，一些孩子和父母下棋总是赢，就无法忍受和别的小朋友下棋输的事实。

所以，和孩子玩游戏或者下棋时，都不要刻意让着孩子。孩子赢了就借机表扬一下，输了就教他总结经验，再来一次。父母尤其要做好榜样，赢了不大呼小叫，输了也不悲观丧气。父母坦然，孩子也会模仿。美国作家詹姆斯·鲍德温说："孩子永远不会乖乖听大人的话，但他们一定会模仿大人。"

在和孩子的互动中，要尽可能地培养孩子的规则意识，不能因为他想赢就破坏规则。当然，在孩子因为"输"而沮丧、不甘的时候，父母要及时安慰孩子，肯定孩子的进步，鼓励孩子继续努力。

✦ 庆祝孩子的失败

成功值得庆祝，失败同样值得庆祝。因为从未来的角度看，失败比成功更有价值。

在白手起家建立"塑身内衣帝国"之前，萨拉·布雷克里曾是一名传真机推销员。萨拉介绍，父亲的教养方式对她产生了很大的影响。她说："我们家有一个传统，就是每天都要庆祝失败。"萨拉记得自己曾经开心地告诉父亲："爸爸！我试着做这件事，结果可惨了！"父亲则与她击掌，并说："祝贺你，继续吧！"

父亲的言行，让莎拉对失败的认知与众不同，对她而言，没有尝试才是失败，而尝试了但没有取得好的结果则不算失败。

✦ 告诉孩子"胜败乃兵家常事"

父母可以给孩子灌输"胜败乃兵家常事"的观念，比如给孩子讲一些成功人士的失败经历，让孩子意识到没有人能够只成功不失败。父母也可以和孩子交流对于成功和失败的感悟，让孩子明白失败不一定是因为自身的无能，更不会影响父母对他的看法和爱。

父母还可以引导孩子挖掘"输"的价值和乐趣，比如参加比赛时，让孩子明白为比赛所做的准备和练习都会让他取得进步，变得比从前更好，这比取得的名次更有意义；孩子和其他小伙伴玩游戏时，父母也可以提前告诉孩子游戏中输赢不重要，玩游戏只是要你和其他孩子互动，获得快乐和体验。

3 ▶ 教孩子泰然接受别人的拒绝

被拒绝是每个孩子都会经历的事情，而父母要做的不是护着孩子躲过这些伤害，而是要让孩子学会面对和接受，知道别人有拒绝自己的权利。

🏪 情景再现

妈妈带着珊珊一起去参加活动。活动进行到一半，所有的小朋友都有机会上台抽奖。但几十个孩子，只有三个抽到了奖品，一个包装漂亮的盲袋。没中奖的孩子情绪一下子变得不好了，脸上不见了笑，也不说话了。

珊珊也没抽到奖，她就问旁边的工作人员："阿姨，我也想要那个盲袋，还有吗？"

工作人员抱歉地说："对不起，小朋友，没有了。"

珊珊一听直接哭了起来，不愿意参加接下来的活动了。

妈妈一边哄她，一边埋怨主办方不会办事：给孩子抽奖不应该是见者有份嘛！

不，我就要那个！

没关系，你想要什么礼品，妈妈带你去买。

情景分析

孩子在被拒绝后，往往会哭闹、退缩、情绪低落，这只是他们在发泄自己的委屈，表达挫败感。但父母大多不忍心看孩子这样伤心，会尽力安慰孩子："不哭不哭，我来陪你玩。""没关系，我们也去买一个。"父母想要帮助孩子摆脱尴尬，但却让孩子回避了被拒绝的现实。孩子可能暂时摆脱了因被拒绝而产生的负面情绪，却有可能将其深埋于心底。

其实，人的一生要经历无数次被拒绝，让孩子早早地体验被拒绝也是一件好事。孩子能够做到泰然接受别人的拒绝，意味着他拥有平和豁达的心态。这种可贵的素质会是孩子一生的财富。

孩子被拒绝当然会很难受。孩子在请求他人时一般会朝着好的方向想，满怀期望。但当孩子被拒绝，事情的结果远远低于他的预期，失望和难过就是必然的。如果这件事情对于孩子来说很重要，孩子会把注意力一直放在这件事上，被拒绝带来的消极情绪也就会被无限放大。每个人都希望自己的努力能够得到回报，当孩子为某件事努力尝试，但得到的结果却是拒绝后，那种努力了白费的挫败感和沮丧感就会席卷他的内心。

孩子如果接受不了被拒绝，就容易情绪崩溃，甚至怨恨拒绝自己的人。所以，父母要教会孩子泰然接受别人的拒绝，不要把被拒绝这件事看得太重。在人际交往中，人们的关系和情感的变化充满了未知数，那些不可能、不应该的拒绝总会在意想不到的时候发生。父母无法保护孩子不遭受这些打击，但父母可以教会孩子泰然接受拒绝，不纠结，不偏执。

专家建议

优秀的人从来都不害怕被拒绝，对于他们来说，拒绝不代表一件事情的结束，而仅仅是开始。父母可以尝试用下面的方法教孩子学会接受拒绝。

✦ 进行拒绝练习

在平时和孩子相处的过程中，父母要有意识地去拒绝孩子，培养孩子接受被拒绝的能力。比如，孩子想要用父母的手机打游戏，这时父母就可以告诉孩子，这是爸爸妈妈的东西，爸爸妈妈不想借给你，因为爸爸妈妈自己也要用。孩子知道其他人有权利处置自己的东西后，在玩别的小朋友的玩具被拒绝时，就能理解，并会考虑是接着尝试着商量，还是去玩其他的玩具。

✦ 教会孩子换位思考

父母可以让孩子站在对方的角度想问题。比如，孩子想和其他小朋友一起玩，但是被拒绝了。这时父母可以让孩子想一想："如果你和阿花他们玩得正开心，突然有一个陌生的小孩要加入你们，你会怎么想？"孩子最能理解孩子的心情，渐渐他们就会明白自己被拒绝不是因为自己不够好，而是人之常情。

如果被拒绝是因为孩子本身的行为有不妥的地方，父母就要让孩子想象一下他人的感受，然后思考怎样改善自己的言行，让对方愿意答应自己的提议。

✦ 转移注意力

当孩子真的很难接受自己被拒绝时，父母可以先转移孩子的注意力，让孩子去做别的事情，暂时先忘记这件事情。等孩子情绪好一点的时候，父母再引导孩子慢慢接受自己被拒绝的事情，让他对这件事有一个正确的认知。

被人拒绝是很打击自信心的，因此父母在和孩子日常相处时要多挖掘孩子的优点、多夸奖孩子，安慰、排解孩子的郁闷情绪，让他在被拒绝后仍然不动摇对自己的信心，不畏惧下一次尝试。

孩子被拒绝这件事对父母来说其实并不重要，重要的是让孩子明白被拒绝不代表他自己整个人都被排斥、否定了。父母想要保护孩子不因被拒绝而受伤，教会孩子泰然接受拒绝就够了。

孩子听不得批评，先认可再疏导

有人感叹，越来越多的孩子太"玻璃心"，打不得骂不得，甚至说不得。遇到一点事，还没说一句，就先红了眼眶，或者做出极端的行为。

妈妈接萌萌放学，萌萌见到妈妈就直掉眼泪。耐心询问了半天，妈妈才弄明白，原来萌萌在学校被老师批评了。

课间，大家都出去做课间操。萌萌后面的一个男同学，大概是站的距离近了，踢腿的时候踢到了萌萌。

萌萌就回头提醒对方，往后退一点。

就在萌萌回头时，老师正好走过来，对她说："好好做操，不要乱说话！"

萌萌听了，既委屈又难过。但老师说完就走了，她连解释的机会都没有。

妈妈听了萌萌的描述，说："老师也就那么一说，并无意批评你。"

萌萌一听，哭得更厉害了，还说当时老师很严厉。

妈妈在心里叹息："连如此轻微的批评都受不了，真的不明白这孩子是怎么了……"

怎么不算？她语气很严厉的。

老师只是说了一句，也不算批评你吧。

情景分析

我们不能一味地将这些情况归结为孩子太脆弱，太 "玻璃心"。孩子的心灵本来就很脆弱，成年人眼中的无所谓，在孩子眼里也许就是万丈深渊。而且，每个孩子对于痛苦的感知能力又有差别。

很多孩子从小很少听到批评的声音，导致他们不具备应对批评的正确的心态和能力。法国心理学家高顿教授通过研究证实：如果一个孩子从来没挨过批评，从小到大受到的都是表扬，那么孩子会很容易变成 "老虎屁股摸不得" 的小霸王，不分是非，也不知道对错。等到这些没有接受过批评的孩子长大时，他们会无法面对工作上的挫折。

也有些孩子处于以自我为中心的成长阶段，他们不理解其他人为什么要批评他们，更打从心底里不愿意接受别人的批评。这个阶段的孩子对批评的反应也更加激烈。还有些孩子内心缺乏自信和安全感，很在意外界对自己的评价，害怕被否定。

孩子受不了批评，还有一个最重要的原因，那就是孩子只感到了批评的羞耻，却没有感受到爱。在受到父母批评时，孩子可能会认为父母不再爱自己，他们对自己只有失望，以至于孩子对自己只剩下绝望。

所以，即便是要批评孩子，也要让孩子明白，批评他并非不爱他，而仅仅是因为他做错了事。爸爸每次批评落落之前，都会先告诉他："你要清楚，接下来爸爸批评你，是因为你做错了事，应该受到惩罚，不是因为我讨厌你。爸爸是对事不对人。" 后来，爸爸在狠狠批评了落落之后，问他："恨不恨爸爸？" 他说："不恨，因为我知道你爱我。"

每个人都会犯错，犯错就要接受批评，承担责任。但孩子的心灵非常脆弱，只有让孩子感受到父母的爱不会变，父母批评自己只是希望自己改正错误，孩子才会从心底里接受批评。

法国心理学家高顿教授证实：大多数难以接受批评的孩子，长大后也会对批评持逃避、拒绝的态度。另外，承受不了批评的孩子很难克服困难，他们的抗挫折能力通常也很差。这样的孩子很难处理妥当与亲友、同事、上级之间的关系。

那些能受得了批评的孩子，不是天生的，而是因为他们拥有"心理弹性"。心理弹性好的孩子，就像弹簧，遭遇到多大的痛苦、挫折，都能很快调整好心态，并且越挫越勇。

专家建议

要帮孩子戒掉"玻璃心"，不因批评影响自己的心情，甚至做出极端的行为和选择，父母具体可以参考以下方法。

✦ 适当批评孩子

在幼儿时期就能适应批评的孩子，长大后大多也更容易适应社会。他们能正确对待来自他人的批评乃至非议，心态平和的同时有较强的抗挫折能力。

孩子做得好，该夸时夸；孩子做错了，该批评时批评，这才是完整的教育。当然，批评孩子要选对时机，避免在早晨、吃饭时、睡觉前批评。同时，批评要有针对性，就事论事，避免因为这次过失，扯出之前的陈年旧账一起算。父母也要尽量心平气和，从孩子的角度分析问题，不要表现得太有攻击性，让孩子不安。

✦ 给孩子反驳自己的机会

父母在批评孩子的时候要时刻观察孩子的情绪，如果孩子表现出不服气的倾向，要耐心听孩子的解释。在这个过程中，父母可以帮助孩子回忆他犯错的经过，让他发现自己的顽劣行为。

当然，如果在这个过程中父母发现不是孩子的错，也要给孩子道歉，并教会孩子说："这不是我的错。"让孩子既不轻视批评，也不畏惧批评。

只有父母不吝啬于对孩子的爱和耐心，孩子才会有足够的底气觉得挨批评也没什么，不会对自己感到灰心。

5 挫折教育，锻炼孩子的心理韧性

如果父母把孩子保护得太好，从不给他失败和受伤害的机会，那么他们长大后骤然面对失败，能够承受住生活的打击吗？父母不妨稍微克制"帮一把"的冲动，给孩子一点面对挫折的机会，以增强他们抗压和抗挫折的能力。

情景再现

尘尘和妈妈一起爬山，尘尘爬得跌跌撞撞、满头大汗。不一会儿，尘尘脚一滑，一屁股坐在了地上。

妈妈没有立即上前扶他，而是问他："你自己可以起来吗？"

尘尘点点头，站了起来，继续吭哧吭哧地向上爬。

情景分析

有人说："童年太过幸福的孩子，长大后多半不太幸福。"此话未必全对，但孩子在小的时候没有经受过挫折，长大后很有可能会因为不适应激烈竞争和无可避免的挫折而深感痛苦。

挫折教育原本是指让孩子遭受挫折，从而激发他们的潜能。但很多父母都对挫折教育存在一定的误解。一些父母把挫折教育等同于批评教育，因此不断打击、贬低孩子，以为这样会让孩子变得更好，结果适得其反。

在一档电视节目中，有一个孩子流着泪对妈妈说："你老是打击我，我觉得自己很差。"妈妈答："我觉得你的性格就缺打击，不打击一下你就得意忘形。"

言语上的虐待就是谋杀灵魂。父母不断批评、辱骂、轻视自己的孩子，会给他们造成无法磨灭的创伤和羞耻感。不同于身体上的伤痕可以慢慢痊愈，精神上的伤害只会历久弥新。

还有一些父母认为挫折教育就是，给孩子报一些类似于魔鬼训练营的课程，或者刻意给孩子制造很多困难。但这些"挫折教育"往往虎头蛇尾，父母只负责把孩子的生活调整到困难模式，却不给他们提供任何的辅助和支持。该以什么样的心态面对问题、如何分析问题、如何解决问题等，他们一概不管。

孩子的承受能力和经验都是匮乏的，父母如果站在成年人的立场和高度上给孩子制造麻烦，很有可能会造成孩子的频繁失败。孩子会因为达不到父母的预期而对自己失望。此时父母的期待越高，孩子的挫败感越强。

挫折教育是要让孩子知道失败不可怕，而不是让挫折击垮孩子。真正的挫折教育是当孩子受挫时，父母及时在情感上给予他们无条件的支持，教会他们如何面对困难。足够的安全感和健康的心理状态，是让孩子直面挫折的前提。

有调查显示，缺乏抗挫折能力的孩子往往会把他们遭遇的失败和挫折归咎于一些看起来"不可能改变的原因"（如"我没有运动细胞""这个太难了，我做不好"），以及"普遍的原因"（如"大家都做不到，没人做得到"），或者"自身原因"（如"我什么都不行，做不好这个是理所当然的""没有人喜欢我，没有人愿意和我这样的人做朋友"）。

而在抗挫折能力强的孩子心目中，挫折只是暂时的。他们能轻松地从负面情绪中挣脱出来，不会过度恐惧挫折和失败，甚至可以冷静、理智地从中吸取经验。适当的挫折会让孩子在失败时更加客观地评价自己，让他们有更多的机会完善自己，增强能力，变得自信。

专家建议

父母想提高孩子的抗挫折能力，引导孩子克服日常生活中的挫折就足够了。那么，生活中，父母该如何引导孩子面对挫折呢？

✦ 鼓励孩子尝试

很多孩子因为依赖心理和畏难心理，看到有难度的事情就自己先退缩了，这时父母可以鼓励孩子去尝试。如果孩子拒绝尝试他们认为困难的事或者刚接触的事情时，父母可以说："你的目标只是试一试，而不是一定要成功。"降低事情的难度，能够让孩子愿意去接受挑战。在尝试的过程中，如果孩子向父母求助，父母要适当提供帮助，帮孩子建立信心。

✦ 让孩子体验失败的感觉

当孩子要做一件超出他能力范围的事情时，父母不要阻止他。孩子成功了更好，但如果孩子失败了，父母可以表达一下对孩子的同情。给孩子一点时间，让他去消化自己的情绪。不要找借口帮他开脱，也不要为了安抚孩子的情绪而盲目夸奖。等孩子情绪稳定后，再和孩子聊聊失败的感受，比如自己失败的经历。孩子唯有经历挫折，才有机会正确地看待挫折。相比于未知的恐惧，一次尝试、一次挫折不会把孩子打倒，反而会让孩子在经历痛苦后，变得更加坚强。

6 教孩子正确应对"差评"，建立强大内心

孩子在成年之前，很容易受到外界评价的影响，尤其是负面评价。当孩子被贴上负面评价的标签时，父母如果没有做到及时引导和支持，孩子往往会在负面评价的阴影下，变得敏感、脆弱又自卑。他们会变得过度在意别人的看法，情绪也会随之大起大落。

情景再现

早上，齐齐说什么都不肯去上学。在妈妈的再三询问下，他终于说出了不想上学的原因："同桌说我是小胖。"

看着孩子满脸的泪水，妈妈只好说："宝贝，你这是正常体重，是他们胡说……"

但不管妈妈怎么哄，齐齐就是不肯去上学。

告诉妈妈，你为什么不想上学？

同桌说我是小胖。

情景分析

被同学嘲笑发型难看，被朋友吐槽皮肤太黑，被老师批评作业不够整洁，被陌生人指责没礼貌，被父母批评笨手笨脚，等等，这些生活中的负面评价，都会让孩子情绪低落。儿童心理学家研究发现，2岁以后的孩子就开始在乎外界对自己的评价了，尤其是父母的看法。一旦发现自己的行为让对方反感或者不喜欢，他们就会情绪低落。

甚至有些孩子遭遇"差评"后，会一直耿耿于怀。这并不是因为孩子耍脾气、记仇，而是因为他们自尊心强，内心过于敏感，过于在意他人对自己的看法。

关注别人的评价，本身并不是什么大不了的事，糟糕的是过度关注，而这和父母的早期教育息息相关。在批评中长大的孩子，总是会下意识地将父母对自己的否定、指责内化为自我怀疑，长大后就会对他人的情绪和态度变得非常敏感，很容易把对方无心的话解读成对自己的负面评价，由此变得自卑、脆弱、郁郁寡欢、患得患失。

有网友分享自己的经历：小时候她曾在亲戚面前唱歌，却被人说唱得难听。这件事给她造成了很严重的心理阴影，让她一直不敢当众唱歌。有些差评对大人来说可能微不足道，但年幼敏感的孩子却有可能信以为真，甚至影响他们一生。

有时候，孩子听到的"差评"或许只是别人随口一说，甚至只是一个玩笑。但年幼的孩子往往没有分辨的能力，他们会信以为真，感受到屈辱、愤怒。孩子反应越激烈，给他差评的人也许就会越觉得有趣，兴头更高。孩子如果表现得十分气恼，还会被说成"开不起玩笑"。

而在听到他人对孩子的刻薄言语时，父母的心情也会受影响。比如，他们会暗暗问自己："为什么我的孩子这么好，别人却要难为他？"这种问题的背后，其实是父母的担忧："有人不喜欢我的孩子，他可以扛过去，不受影响吗？"

其实，我们每个人都会遭遇"差评"，孩子也一样。父母能做的就是，让孩子不受"差评"的影响。

那么，父母该如何帮助孩子正确面对来自别人的"差评"呢？

✦ 告诉孩子，美有不同的标准

当孩子因为别人的负面评价而情绪低落时，父母要及时鼓励孩子，并引导孩子正确看待别人的评价，让孩子感受到父母的关心和支持。比如，当孩子觉得自己眼睛小，很丑的时候，父母可以回答："有位国际名模就是小眼睛。有些中国人觉得她丑，但是外国人却认为她美到不行！美是多样化的，不是所有人都要长成大眼睛、双眼皮的样子才叫美。"这样，孩子会真心觉得眼睛小点也没关系。

面对别人的负面评价，父母不妨引导孩子面对自己的不完美，让孩子接受自己的缺点，也认识自己的优点，从而更加全面客观地认识自己。这样孩子才会变得越来越有底气，父母的支持和鼓励才会更有力量。

✦ 教孩子只看事情本身

《怎么说孩子才肯听，怎么听孩子才肯说》一书中，有这样一个故事：

一个孩子因跳绳跳不好，被老师评价为协调性很差。

孩子听完后非常郁闷，开始抗拒跳绳，不仅不再继续努力，还总担心老师是不是讨厌他。

妈妈没有说老师的观点如何，而是和孩子一起回忆了孩子协调性很好的那些时刻："我记得你3岁时，我被锁在房间外面，是你从卧室的窗户翻进房间，从梳妆台上跳下去，帮我打开门的。我还记得你4岁半的时候，你是小区里第一个不用辅助轮，就能骑自行车的小孩……"

听完妈妈的话，孩子不再纠结老师对自己的态度，对自己的协调性确立了新的信心。

父母过于关注他人的态度、喜恶，其实就是在引导孩子去在意他人的态度。这样，很容易让孩子养成讨好型人格。因此，父母可以不去解释口出恶言的人是怎么想的，不去和孩子分析别人喜不喜欢你，要让孩子的关注点回归事件本身。

第**3**招

暖心鼓励

培养孩子的社交力

1 孩子为什么会患"社交恐惧症"

常有大人说自己是"社恐"，其实，不只是成年人，孩子也有"社恐"。有一些孩子因为先天性或者后天家庭环境的原因，特别害怕陌生人，也不愿意去人多的地方。这可能是孩子性格内向的表现，也可能是有社交恐惧症的表现。

情景再现

开学第一天，穿戴整齐的小达站在家门口，紧攥着书包带，摇着头、瘪着嘴，死活不肯去上学。

"你可以去学校和好多小朋友一起学习、一起玩呀！"妈妈柔声劝着。

小达却一直后退，还哭了起来。

学校有好多同学，可以一起玩。

我不去，我不想！

情景分析

患有社交恐惧症的孩子，往往非常抵触集体活动。他们在参加小组活动、团体游戏、体育课等群体性活动时，会害怕自己出丑被嘲笑，因而感到窘迫、紧张、苦恼等，从而主动回避、拒绝这些活动。

如果父母勉强甚至逼迫他们与人打招呼，孩子就会出现各种不适的生理症状，比如面红、头痛、出汗、心悸、腹泻、尿频，或是哭闹不休、过分冷漠、不肯离开父母、焦虑、抗拒等。

一般来说，性格内向、情绪多变、自卑敏感的孩子，最容易患上社交恐惧症。因为他们经常贬低自我，同时缺乏一定的社交技巧与能力，可能会过度解读别人的反应，难以正常控制自己的情绪，参与社交时会紧张、害怕。

此外，有生理缺陷的孩子也容易出现社交恐惧症。比如，孩子如果有行动障碍、听觉障碍或表达障碍，心理负担会很重，觉得自己低人一等，与别人格格不入，便会对社交产生畏惧。

生活中，有许多小朋友怕生，一看到陌生人就躲到父母身后。看着小小的孩子一脸惊慌失措的样子，大人不免会安慰几句："孩子还小，等大些就好了。"其实，这种变化并不适用于有社交恐惧症的孩子。孩子的社交恐惧心理，并不会随着年龄的增长而缓解、消退，甚至可能会越加严重。

为什么一些孩子会出现社交恐惧呢？主要原因有以下几点。

首先，很多父母、老师经常告诉孩子"不能与陌生人说话、交往""少去邻居家串门""不要打扰别人"等。在这些观念的长期影响下的孩子，社交欲望会大大降低，社交能力也会有所退化，会慢慢开始畏惧正常的社交。

其次，孩子的社交时间被家人过度占用。但长辈年龄大，很难走进孩子的内心，孩子们就会感到不被理解、孤独。时间久了，他们的表达能力与技巧便会不足。

最后，孩子在社交中曾经历过心理创伤。当孩子鼓起勇气，在大家面前展现自己的社交能力，却被父母、其他孩子打击、孤立时，他们就会产生畏惧心理。而且，孩子如果在陌生的人群或环境中走失过，也会留下一定的心理阴影，不愿独自外出与人交往。

另外，频繁变换环境，会让孩子身心俱疲。例如，孩子因父母工作、自己上学或其他原因频繁搬家后，不得不付出更多的精力，去适应新的环境，结识新的伙伴。搬家的次数多了，孩子就会厌倦、抵触社交，因为刚适应一个环境，就要离开了，自己努力社交看起来只是无用功。

专家建议

如果孩子对社交有点恐惧，父母不要逼迫、批评，那只会适得其反。以下小方法，父母可以尝试一下。

✦ 社交示范

从亲戚、同学、老师等到陌生人，父母陪同着孩子一起进行社交行为训练，如见到人打招呼、聊天、一起玩耍等。孩子看着父母的反应，情绪受到感染，更容易放开自己，去接触更多的人。

✦ 模拟社交情景

一开始，父母可以从克服孩子的恐惧心理做起，帮助孩子接受社交这种行为。首先，告诉孩子："社交是每个孩子都需要学习的一项技能，不是谁生来就会。做错了，我们改正了，就能变得更好。"

父母还可以帮孩子模拟游乐园、运动会、课间等场景，熟悉可能会发生的情景，让孩子慢慢抹平焦虑、担心的心情，适应这些情景。

✦ 让孩子融入社交圈

当孩子具备了一定的社交能力时，父母可以鼓励孩子加入兴趣社团，如儿童读书会、健身俱乐部、舞蹈社团等，进行独立的社交。孩子面对感兴趣的人和事时，更愿意与人分享、交流。

2 孩子不愿意开口打招呼，别强迫

日常生活中，我们经常遇到这样的情况：带着孩子出门，遇到熟人，父母就会表现出来极大的热情，把孩子推到对方面前，"喊叔叔阿姨好""喊爷爷奶奶好"。

情景再现

悠悠和妈妈一起出门，在电梯里遇到邻居。妈妈推推她的后背说："悠悠，喊阿姨好！"腼腆的悠悠扭捏着没有开口。

妈妈只好赔笑道："这孩子就是不爱说话。"

对方说："这孩子挺好的，多乖。"

道别后，妈妈转身气呼呼地看着悠悠说："这么大了，怎么不知道叫人哪！一点礼貌都没有！"

> 悠悠，喊阿姨好！

> ……

情景分析

一旦孩子没有主动打招呼问好，父母就感觉非常没面子，于是就会用威逼利诱的方式，强迫孩子与人打招呼，稍不配合，就是一顿斥责。但越是这样，孩子越是抵触，越是不喜欢和人交往。甚至长大了，他们也不愿意主动交朋友。

为什么别人家的孩子见面就喊"叔叔好""阿姨好"，嘴巴像抹了蜜，而自己家的孩子却怯生生地连头也不敢抬？

一方面，是性格原因。有些孩子天生害羞，属于慢热型，对陌生人通常会抱有强烈的抵触感。这样的孩子遇到大人时，不会兴高采烈地打招呼，而是喜欢扯着妈妈的衣角躲在妈妈身后不出声。

另一方面，是孩子成长的必经过程。一般来说，孩子出生后的前五个月无论谁抱，他都可以接受。但到了第六个月左右，除了一直照顾自己的妈妈，孩子就不愿意让不熟悉的人抱了，谁抱一下他就哇哇大哭。这就是所谓的"陌生人焦虑"。在婴儿阶段，孩子就是通过这种方式来保护自己，并逐渐认识、信任他人。

这种陌生人焦虑会伴随孩子很长时间。儿童心理学家发现，孩子在两岁左右会达到害怕陌生人的高峰。每个孩子都有这个现象，只是由于孩子天性不同，对陌生人的焦虑程度有所差别。在孩子眼里，陌生人和父母是完全不同的两种人，陌生人是带着"危险气息"的。孩子3岁左右时这种现象会有所缓解，但到了4岁左右，又会阶段性地不爱与人打招呼。

父母往往会忽视孩子的这一特点。父母觉得熟悉的亲友，对孩子来说却是不折不扣的陌生人。父母强迫孩子亲亲热热地和陌生人打招呼、交流，不仅违背了孩子的天性，还会让孩子逐渐失去警惕陌生人的本能。

这并不意味着我们要放任孩子不与人打招呼。和人打招呼、问好不仅是礼貌问题，也是孩子将来必须要掌握的社交礼仪。

其实，孩子并非不懂礼貌，自从上幼儿园开始，孩子就已经发展出了社交能力，他们不愿意和什么七大姑八大姨打招呼，主要是因为和对方不熟，关系没到那个分上。他们做不到对不熟的人假意热络。

那么，父母如何引导孩子主动与人打招呼呢？

✦ 简化打招呼的要求

在开始教孩子叫人时，孩子还不能分清是自家的叔叔还是陌生的叔叔，是自己的阿姨还是全楼人的阿姨，因此，打招呼一律用"你好"即可。这时要培养的是礼貌意识，而不是有讲究的用语。

当孩子仍不愿意打招呼时，父母不要为了所谓的面子去强迫孩子做这件事，可以退而求其次地让他挥挥小手即可。只要孩子敢于抬头正视对方，就已经是勇敢的一种表现了。

✦ 带孩子去做客

如果孩子不喜欢陌生人，父母就需要创造机会，增加他和其他大人相处的时间。做客前，父母应先向孩子介绍要见的人是谁，该怎么称呼，让孩子有一个心理准备，还可以提前做一个预热，比如，可以对孩子说："王阿姨家有一个小姐姐，一直想和你一起玩呢。"用诸如此类的话鼓励孩子，能让孩子消除隔阂感，树立信心。

✦ 让孩子做小主人

如果孩子怕生，父母可经常请亲朋好友到家中做客，让孩子自己当小主人。客人来之前，父母可以和孩子商量如何接待，也可以细化为具体的流程：

1.向客人问好；

2.为客人端茶水；

3.与客人简单对话；

4.向客人介绍自己；

5.向客人展示自己的特长。

在孩子做好前一步的前提下，后面的事情不要再强迫。等孩子习惯了前一个做法，可自然过渡到下一步。父母不可急于求成，要循序渐进地让孩子去做自己能胜任的事。

培养孩子主动打招呼的习惯，不仅仅是让孩子"有礼貌"，更是让他们更好地与人连接，融入人群，融入社会。如果孩子暂时做得还不够好，也不要过于责怪、为难他们，耐心去鼓励和引导吧。

3 孩子爱插话，先表扬再提醒

朋友来访，聊得正酣，孩子在旁边不时插上几句。就连打个电话，孩子也要在旁边不断地插嘴打扰，这不仅让父母生气烦躁，也让朋友觉得尴尬。

情景再现

闺密来访，妈妈开心不已。她泡了茶，准备了点心，把毛毛支出去看电视，两个人聊得热火朝天。

但是，毛毛却不肯好好看电视，一会儿就跑过来问妈妈："我可以吃小饼干吗？"妈妈摆着手说："可以，可以。"

刚过了几分钟，毛毛又跑过来，问："我可以喝酸奶吗？"得到肯定的答复后，他也没消停几分钟，又跑过来坐旁边听了一会儿，问："你刚才说的牛奶布丁是雪糕吗？"

妈妈气得拽着毛毛进了卧室，并关上门，告诫他不许出去！

情景分析

孩子胡乱插话，在大人看来是非常不礼貌的行为，甚至是没家教的表现。但事实上，孩子并不是故意要让大人难堪，也不是故意没礼貌，他们通常没有恶意，这多半和自我中心思维有关。

所谓自我中心思维，是指孩子从自己的立场和角度去看待事物，有极强的主观性。这个特点在孩子 2~7 岁期间最为明显，他们往往只顾着表达自己想要表达的，而忽略了对方的感受。除了自我中心思维这个原因，孩子爱插话还有以下几个原因。

1.孩子渴望受到关注。在孩子年幼时期，他们习惯于以自我为中心，希望能吸引大人的注意力，从而无法忍受父母的重心不在自己身上。因此，当父母与朋友交谈时，孩子会通过插话来提示父母关注自己的存在。

2.孩子表达欲强烈。有些孩子性格外向，思维敏捷，喜欢在大人面前说话，想要急切地表现自己的"机智"，所以才有了插话的行为。

3.孩子对谈话内容感到好奇。随着孩子长大，他们对周围的事物也越来越好奇。当客人与父母的谈话引起他的兴趣时，他心中会有很多"疑问"，并迫不及待地需要"解答"。或者，他发现了较为新鲜的事，由于没有耐心等待大人们谈话结束，便迫切地说出来与人分享。

这个时候就需要父母适当地引导孩子，让他们懂得适时插话，学会聆听，做一个受欢迎的人。那么，父母具体该怎么做才能改掉孩子爱插话的毛病？

专家建议

✦ 让孩子感觉受关注

家中来了客人，父母应郑重地向客人介绍孩子，然后询问孩子，自己和客人有话要谈，他是否可以自己去玩一会儿。这样孩子就不会感觉自己被忽视了。如果确实有非常重要的事情需要谈，且时间比较久，可先拜托家人照顾一下孩子，避免孩子觉得自己被冷落。

✦ 不当面指责

"大人说话，小孩别插嘴"，父母这样因一时恼火而当众训斥，对孩子来说，十分不友好，会严重打击孩子和父母沟通的意愿。

父母可以跟孩子讲明，谈话结束后再解答他的疑问。事后记得一定要兑现诺言，并教育孩子在别人谈话时不要随便地打断，告诉他这样做是不礼貌的。

✦ 给孩子立规矩

要告诉孩子，打断别人说话是一种不礼貌的行为。如果确实有话要说可以等别人说完再说，告诉他这是一条需要遵守的规矩。

父母可以模拟类似的情景，在孩子聊天很开心时突然打断他。此时，他肯定不高兴，我们便可以趁机告诉他随意打断别人说话既不礼貌，也会让对方不开心，并跟他讲清道理和正确的做法。

✦ 给孩子参与谈话的机会

如果孩子插话的内容与大人的谈话内容相关，可以试着让其融入大人的谈话，并引导孩子思考、学习、与人沟通。当你和客人谈到一些孩子不理解的事情时，可以适当抽出一些时间，向孩子解释。与其让孩子不停地插话，不如给孩子机会，把话语权交给孩子，让孩子充分表达完自己的想法。表达的欲望得到满足，孩子就不会再乱插嘴了。

✦ 约定暗号

要避免孩子在父母聊天的过程中插话，可以事先和孩子约定两个暗号：一个暗号表示妈妈还没有说完，再等一会儿（比如，伸出食指放在嘴边，示意孩子等一会儿）；另一个暗号表示孩子很急，有话要说（比如，约定一个举手的动作。在孩子想要表达的时候，就举手示意，父母可以看情况给孩子表达的机会）。

这不仅是对孩子的尊重，也能让孩子学会等待，并且在等待的过程中梳理自己的语言。对于孩子的插话行为，父母应该站在孩子的角度，弄明白原因，再对症下药帮孩子改正这种行为。

想和小朋友一起玩，教孩子正确表达

在公园或游乐场里，孩子看到别的小朋友一起玩得很开心，也想加入，但又不知道该怎么办。这时候，父母就会给孩子出主意说："你去和他们说：'你们好，我能和你们一起玩吗？'"但孩子真的会被接纳吗？

情景再现

公园的草坪上，几个孩子正在一起踢球。鑫鑫走过去，涨红了脸说："我能和你们一起玩吗？"

其中一个胖胖的男孩看也不看他一眼，就嫌弃地拒绝："你谁啊？走开吧，别挡着路了！"

鑫鑫低着头，踢了踢地上的草，失落地走开了。

情景分析

"我能和你们一起玩吗？"这句礼貌用语，有时候挺管用，能受到一些孩子的欢迎。但有时却未必能得到对方的肯定回答，尤其是在对方正玩得起兴时，他们常常会下意识地说："不行。"

美国心理学家迈克尔·汤普森在《妈妈，他们欺负我》中写道，他从不会教孩子说"我能一起玩吗"类似的话，因为这相当于明确地给了别人一个拒绝的机会。因为任何人对陌生人都会防备、抵触。在这种情况下，孩子被拒绝才是常态。成年人可能会想到"多个朋友多条路"，但孩子的思维很直接，喜欢就是喜欢，不喜欢就会直接拒绝。父母只看到了自己的孩子有参与游戏的想法，却不会去想在孩子介入前，其他孩子之间也是有规则和氛围的。当其他孩子玩得热火朝天，却被一个外来者询问能否打破他们的规则、加入他们，他们的第一反应往往是拒绝。

迈克尔·汤普森还在《妈妈，他们欺负我》一书中表达过这样一个观点：很多孩子拒绝其他人，并不是对其他人心怀不满，而是因为这些孩子本身也缺乏社交技巧。缺乏社交技巧的孩子自然也不具备应对社交技巧的能力和心态。

当孩子想要加入一个团体，直接玩就是了，不需要成人世界里的自我介绍的过程。成年人看到的是孩子能够快速地和其他人打成一片，而孩子看到的只是大家一起玩游戏，毕竟玩耍才是重点。

也就是说，在孩子的社交场里，礼貌用语不是必备的，父母不必让自己的孩子对着其他孩子事事都说"请问""谢谢"，这只会让其他孩子感到不自在。同样，"我能和你一起玩吗"这句话也会让其他孩子觉得：这个人和我们不是一路人。

父母硬生生从教科书里搬出来的"我能和你们一起玩吗"并不能帮助孩子融入集体。父母需要观察孩子的反应，不要急于给孩子建议。因为孩子想要参与一个活动，最开始一定是出于好奇。他们会在加入之前静静地观察一会儿，这时，他们不是在犹豫，而是在了解这个活动具体要做什么，以确定自己是否有兴趣加入。

如果父母看到孩子对一个活动跃跃欲试，就直接让孩子去搭话，实际上是在破坏孩子观察、思考、做出尝试的努力。而孩子在毫无准备的情况下去尝试加入一个团体，也会产生抗拒的情绪，失去安全感。

专家建议

父母可以先观察孩子的反应，如果孩子只是安静地看着前面的活动，父母不妨让孩子先看一会儿。当孩子明显表现出自己无法加入时，父母可以有技巧地引导孩子加入对方。

✦ 积极搭话

小朋友之间熟络的过程非常快，也许只需要一两句话，就能一起玩得热火朝天。父母可以教孩子积极搭话，比如说："你这个真好看，你是怎么做的呀？""这个做起来很难，我以前也做过……""我帮你拿胶水吧。"积极的语言会提高被接受的可能性。

相反，要避免孩子说出"你这做的是什么呀，还不如我做的"等消极的话，这只会引起其他孩子的反感和抵触。

✦ 做出贡献

父母可以教给孩子先尝试去观察发现对方的需要，用行动提供帮助、做出贡献。这是孩子能够被对方接受的重要因素。比如，在游乐场的积木区，看到有几个孩子要搭房子，可以帮他们一起运积木；在小区玩沙子，把别人没有的而自己有的工具拿出来一起分享；玩轮滑，有小朋友摔倒了，可以帮忙把他扶起来，给他拍拍身上的土；对方在地上画画，可以先帮他们递粉笔……

✦ 做好被拒绝的准备

尽管做出了很多努力，但孩子仍然可能被拒绝。所以，要帮孩子做好被拒绝的心理建设。比如，带孩子离开，同时和孩子聊聊被拒绝的感受，表达认同，而不要怪孩子太娇气。

每个人都不可能脱离集体，孩子加入集体就是开启一段学习、收获、成长的旅程。

5 引导孩子正确道歉，不替他说"对不起"

教会孩子道歉，是情商教育的重要方面，体现的是孩子的素养。但生活中，当孩子做错了事，冲上去第一时间道歉的往往是父母，而做错事的孩子则一副事不关己的样子。

情景再现

小凯和雯雯一起玩滑滑梯，两个人在比赛谁快。小凯从一侧的梯子上去，雯雯从台阶上去，两个人一起到了滑梯上面，一起滑了下来。

为了抢先下一轮上到滑梯上面，小凯迅速站起来，跑的时候推了雯雯一把。刚刚从滑梯上站起来的雯雯又一屁股坐了下去，大哭起来。

小凯妈妈立即快步过去把雯雯扶了起来，说："阿姨看看摔哪儿了？摔疼了吧？小凯坏，阿姨替他给你道歉。"同时，又对着赶过来的雯雯妈妈道歉："真对不起，小凯这孩子真是欠抽，我得好好收拾他。"

雯雯的妈妈听了怪不好意思，说："没事没事，也没摔坏。"

小凯远远站着，对此事无动于衷。

摔疼了吧？小凯坏，阿姨替他给你道歉。

情景分析

生活中，很多父母怕孩子受委屈，担心让孩子道歉伤害孩子的自尊心和自信心，就抢着去替孩子道歉。结果，父母忙着道歉，孩子却像局外人，根本不能让孩子认识到自己的错误。就算事后父母给予一定的批评教育，也会让孩子觉得，有什么大不了，反正有父母在就能解决，下次照犯不误，甚至可能愈演愈烈。

真正的道歉，是让犯错误的孩子意识到自己的问题，感受到自己对别人造成的伤害，真正反省自己的错误，并主动承担相应的后果，同时想办法弥补和修复与对方的关系。

妈妈带美美去餐厅吃饭，美美不小心打碎了一只玻璃杯。妈妈没有发火，而是问她是否划破了手指，她摇头。妈妈依然心平气和地说："你把杯子摔碎，就要麻烦阿姨来清扫。你去给阿姨道歉，然后帮她一起清理干净，要不玻璃碴儿很容易扎到别人。"美美很懂事，按照妈妈的要求做了这一切。

收拾完毕后，妈妈又对她说："美美，损坏了东西是要赔偿的对不对？你问问阿姨需要赔偿多少钱？你是需要妈妈帮你付，还是用你的零花钱付？"美美询问后，决定先让妈妈垫付3元，回家后再从自己的零花钱里扣。

妈妈全程都没有大声指责美美，她先是平复了美美恐惧的情绪，然后心平气和地引导她去道歉并做出弥补。这样做不仅没有引起美美的反感，还让她主动承担起了自己的责任。

一般来说，当孩子有了过失的时候，恰好是家长教育孩子的最有利时机。不论孩子有什么过失，只要他有一定的能力，就应该让他去道歉，并承担属于自己的责任，而不是由父母大包大揽。

专家建议

孩子做错事，如何引导孩子有效道歉？美美的妈妈给我们做了最好的示范。

我们可以通过下面三个步骤来完成。

✦ 顾及孩子的情绪

孩子做错事，内心会有愧疚，父母要及时觉察到，并给予安慰。在家中耍晾衣架的小文把妹妹的额头碰伤了，内心开始是愧疚的。如果妈妈能觉察到，在查看妹妹的伤口后不是呵斥而是心平气和地说："别光看着，快帮妹妹拿消毒水和创可贴。"小文一定会飞奔而去帮忙拿东西。这样一来，妈妈为小文的情绪调整争取了时间，然后在给妹妹抹药水的时候，小文因为内疚会很容易对妹妹说出"对不起"。

父母要允许孩子去适应他内心的感受，让他做出正确的选择，从中获得一次成长体验。

✦ 引导孩子认错

如果孩子已经知错，父母就可以趁势鼓励孩子去道歉，而不是命令。道歉的语言要真诚，一般包括四点：描述自己的错误 + 表达同理心 + 改正的决心 + 请求原谅。

可以用"对不起，我……"说明自己哪里做得不对，说得越具体越显真诚，比如："阿姨，对不起，我踩脏了您的鞋。"然后用"如果是我，我也会……"设身处地为对方着想，比如："如果我的新鞋被踩脏了，我也会很生气。"再用"以后我会……"来表达决心，比如："我以后走路一定会小心。"最后用"请问您可以原谅我吗"来求得原谅。无论最后是否被原谅，都要诚心询问一下。

✦ 提醒孩子做出弥补

孩子犯错后，实质性的弥补行为，可以培养孩子的责任心，让孩子为自己的错误负责，这比口头上的教育更为深刻和有意义。

孩子在犯错后能够认识到自己的错误，勇于承认自己的错误，并且做出恰当的弥补，可以说是高情商的表现。这样的孩子就算犯了错，也不会失去魅力，反而能更讨人喜欢。

让孩子敢于拒绝，高情商地说"不"

碍于面子，或者各种顾忌，违心地答应同学或者朋友的要求，并不能帮助孩子建立良好的关系。相反，委屈自己讨好别人，只会让对方得寸进尺，给自己带来更多困扰。家长教孩子学会拒绝，才能避免他陷入困境。

情景再现

章程学习成绩很好，性格也特别温和，和朋友、同学关系非常融洽。

一个周末，老师布置了很多作业。同桌陈亮因为贪玩而耽误了作业完成的进度，就向章程借了作业抄。章程不好意思拒绝，就答应了同桌的要求。

结果，老师发现两个人错误的地方一模一样，了解情况后把两人都批评了一顿。

章程感觉无比委屈，但老师说："明知道别人借你的作业抄，就应该拒绝。"

情景分析

许多孩子从小就被灌输"乐于助人""与人分享"等观念，所以，遇到一些不合理的请求时，也不懂得拒绝。同时，他们也害怕拒绝别人，别人就会不喜欢自己，不和自己玩了。

于是，孩子宁愿委屈自己，也会心不甘情不愿地答应朋友的要求，哪怕他们的要求有些不合理、不正当。

苏联教育学家苏霍姆林斯基曾经说过："没有自我的教育是失败的。"很显然，这类教育就是让孩子失去了自我。

谦让、助人不是没有底线地对别人有求必应。在让孩子懂得谦让的同时，也要让他们学会明辨是非，认清自己的能力，顾及自己的感受和意愿，有选择性地拒绝。

学会拒绝，是孩子对自己内心的尊重。懂得拒绝的孩子能守住与人交往的边界，人际关系更健康。那些连拒绝别人都会打退堂鼓的孩子，会过分在意别人的情绪，从而伤害自己，养成"讨好型"人格，丧失社交的幸福感。

学会拒绝，能让孩子远离自闭。孩子如果独自承受着不拒绝别人带来的委屈、郁闷，会越来越不愿意开口说话。他们不懂得如何向别人倾诉自己的委屈，更不懂得自己为什么不能拒绝别人。在不断地情感内耗中，孩子就会封闭自己，不愿与朋友交流。

有的孩子虽然有拒绝别人的勇气，但语气生硬、态度恶劣，如在学习时，同桌邀请他玩游戏，他们却不客气地说："我在学习，你不要烦我。"或是临近放学时，同学来请教问题，他们却说："我要回家了，明天再说吧。"甚至在拒绝时，他们还带有嘲讽、戏谑的口气，比如别人好心分享食物，自己不喜欢吃，就说："这东西有什么稀罕的，我在家天天吃！"诸如此类的直接拒绝，不仅会让别人感到难堪，还容易伤到朋友之间的友情。

正确地表达拒绝，并不是简单地说一个"不"字。孩子不仅要勇敢地表达自己的意见，还要注意使用什么样的方式，让拒绝变得更加艺术。

专家建议

教孩子正确地表达拒绝，具体要如何做呢？

✦ 表达拒绝，从肢体语言开始

孩子还小，表达能力不够的时候，可以教孩子使用肢体语言表达拒绝，比如摆摆手、摇头等。

等孩子大一点，也可以教孩子搭配语言使用。比如，当孩子的玩具被小朋友抢夺时，可以教孩子用摆手表示不可以，并后退几步，指着其他玩具说："这个我正在玩，那个玩具也很好玩，你可以玩。"

这种方式也适用于安静的场合，比如上课时，后桌同学拍自己的肩膀，孩子可以转过头，对同学笑一笑，再坚定地摇摇头表示婉拒，之后转回来认真上课。

✦ 教孩子迂回式拒绝

面对不好直接拒绝的请求时，可以教孩子先表达同情、理解，或者是赞美，然后再提出合理的理由，加以拒绝。比如：

——"这看起来真好吃，可惜我不喜欢这种口味，谢谢你！"

——"我也很想帮助你，但我回家晚了，妈妈会担心的。"

——"我知道你没铅笔了，可我也只有这一支了，抱歉。"

这种迂回式的拒绝方法，比较温和，更容易被接受，不伤感情。

✦ 教孩子建议式拒绝

如果孩子确实没有理由拒绝别人，可以教孩子给对方提供建议，让对方做出其他选择。比如："我现在正在帮老师收作业，要不让你们组的小组长帮你讲讲这道题？""我也没想出这道题怎么做，要不你先问一下其他同学？""我特别不擅长踢球，不过我听说隔壁班小朝踢球特别厉害，你可以邀请他。"

用建议吸引别人的注意力，将问题抛给别人，是一种进可攻、退可守的交流方式，还能帮别人解决问题，是孩子特别需要掌握的拒绝技巧。

第**4**招

有效赞美

夸出主动学习的"小学霸"

孩子考砸了，多肯定少责怪

很多父母在孩子考砸之后，会指责孩子不努力、太笨，甚至会打击孩子，说孩子没有出息。而过度的批评和指责会打击孩子在学习上的自信心和积极性，让孩子的成绩越来越差。

期末考试，楠楠的数学只得了 68 分。他战战兢兢地回到家。

"你是怎么考的？一天到晚在学校不学习吗？"妈妈看了他的分数，非常生气。

楠楠低头站着，不敢吱声。

"这么简单的题都做错？你脑子咋想的？"妈妈拿着卷子使劲拍在桌子上。

楠楠的头低得更厉害了。

"这点分数，你连高中都没得上，你知不知道？"妈妈再次提高了音量。

楠楠满心委屈，却不敢哭出来。

之后，他越加不愿意学习数学，成绩更是持续下降。

这么简单的题都做错？你咋想的？

情景分析

父母的责怪会让孩子变得自卑，对学习失去信心，甚至自暴自弃，产生厌学情绪。

父母的责怪也会让孩子只盯着自己的考试成绩，想办法保证自己成绩好，避免挨骂。为了得到好成绩，受到夸奖，他们很容易养成投机取巧的坏习惯，比如作弊，而不会再重视学习的方式方法。

孩子考砸了，父母的当务之急是管理自己的情绪。如果不能控制好情绪，父母可能会对孩子过度指责，使孩子对考试和学习产生恐惧心理。孩子的成绩不理想，父母首先要学会接受这个结果。接受现实，父母才能冷静下来，心平气和地与孩子一起想办法解决学习上的难题。这样，孩子在面对挫折和困难时，才会拥有良好的心态。

孩子考砸了，内心本就已经非常难过，特别是当他们为了考出好成绩，付出很多努力的时候。这时候，孩子需要的是理解和支持，而不是责骂。责骂只会减少孩子的内心能量，甚至让孩子和父母对着干——"你让我学，我偏不学"，甚至干脆破罐破摔，成绩越来越糟糕。还有一些孩子因为考得不好不敢回家，甚至做出极端的行为。

一次考试成绩不能代表孩子的全部，一张试卷也无法覆盖孩子的全部能力。有些孩子只擅长某一科目，有些孩子更喜欢课本之外的知识技能，比如艺术、运动、计算机、小语种、社交甚至是经商等，父母要多看一看孩子的其他能力。孩子心理上放松，才能积极对待学习。

考试只是学习过程中的一部分，就是为了检验孩子某一阶段的学习效果，让孩子查漏补缺。面对成绩，要鼓励孩子多总结经验教训，而不是沉溺于已成事实的结果。

父母如果能把指责变成肯定，就能帮助孩子恢复内心的能量，斗志满满地投入到接下来的学习中。就算孩子考得很差，也要给一些鼓励。比如，有一位爸爸对只考了 58 分的儿子说："没关系，儿子，你距离及格只差两分，我相信你稍微努力一下，就能考及格了。"

专家建议

当孩子考砸了的时候，父母可以对孩子的哪些方面进行肯定呢？

✦ 肯定进步的地方

父母不要将孩子的成绩和班上优秀的孩子做比较，也不要问孩子班上有多少人考了满分。这种说话方式会让孩子觉得自己不如别人，很容易打击他的自信心。正确的方法是用孩子这次的成绩和之前的成绩相比较，看一看进步的地方，给予肯定，然后再看看有哪些不足，进行查漏补缺。

✦ 把错误变成进步的机会

如果卷子上错误多，父母可以告诉孩子，有问题是好事，每一个错误背后都是进步的空间，现在犯的错误，都是为了在未来更大、更重要的考试中避免犯错。

然后，再引导孩子总结自己在学习方面存在的问题，如知识点没弄懂、公式不会用、审题不仔细等。父母也可以帮助孩子统计哪个科目丢分多，哪个类型的题目丢分多，或把孩子每次的考试成绩做一张汇总表，帮助孩子有针对性地完善自己的知识体系，改正错误，避免重复犯错。

✦ 制定有效的学习目标

这次没考好，还有下一次。父母可以根据孩子的实际情况，和孩子一起制定下一阶段的学习目标，不要太低，也不要太高。有效的短期目标能够让孩子拥有更好的学习体验，摆脱没考好的阴影。

父母要教会孩子正确看待没考好这件事，告诉孩子考不好也不轻易否定自己，更不要轻易放弃自己。

✦ 肯定孩子的努力

　　肯定孩子的努力，会让孩子感觉被理解和尊重。但要把握一个度，不要让孩子觉得自己已经竭尽全力，那会让孩子认为不管自己多努力也考不好，进而对以后的考试失去信心。比如，如果孩子喜欢临阵磨枪，可以对孩子说："我看你在考试前两周，每天都复习到很晚，很辛苦。但有些知识还需要在平时多加练习，才能掌握得更牢固。"

2 表扬努力，让孩子爱上学习

当孩子被别人夸聪明时，很多父母都会沾沾自喜，但这对孩子来说未必是好事。经常被如此夸奖的孩子，很容易以为自己天生拥有学霸的特质，从而放弃努力。

情景再现

小武数学考试得了 100 分，妈妈特别高兴，夸他："我的宝贝真聪明。"

小武的英语考试也得了 100 分，妈妈说："哇！我家宝贝太聪明了，天生就是学习的料子。"

听了妈妈的话，小武自己也很开心。他觉得自己既然聪明，就不需要那么刻苦地学习了，反正自己有天赋，不学习也能得 100 分。

于是，每当妈妈说："快考试了，赶快复习吧。"他就会说："我这么聪明，还用得着复习吗？"

情景分析

孩子如果把"好的结果"与"自己聪明"画等号，就会逐渐自我感觉良好，从而产生两种心理：事情做得好自然是我聪明；做得不好就是我不聪明了，失去信心。这样的孩子，一遇到挫折就容易灰心，且不愿意也不敢接受新的挑战。他们甚至会采取欺骗的手段来维持自己的"聪明"。

孩子学习成绩好，被众人夸赞聪明，那么他就会认为自己不用努力也能比其他孩子强。当发现自己不能满足别人的期望，他们第一时间想到的不是更加努力学习，而是期望通过作弊来掩饰自己的"笨"。在孩子的成长过程中，夸奖他努力，远比夸奖他聪明更加重要。研究发现，经常被夸奖努力的孩子，会形成成长思维：相信只要自己努力，就能战胜困难。即使挑战难度升级，他们也不会轻言放弃。随着困难不断被战胜，他们更容易获得自信和进步。

1988 年，著名心理学家卡罗尔·德韦克做了一个实验：他选取了 128 名孩子，将其分为 A 和 B 两组进行拼图游戏。在实验过程中，卡罗尔一直对 A 组的孩子说"你真聪明"，对 B 组的孩子则说"看得出来，你刚刚很努力，你做得很棒"。随着拼图游戏难度的增加，被夸聪明的 A 组孩子放弃了挑战，即使有个别孩子参加挑战，失败后也会陷入痛苦中。而 B 组孩子更有勇气挑战难度大的实验，即使失败也不会自怨自艾，心态更加健康。无论游戏难度有多大，他们最后都会找到解决办法。

在学校或者社会里，有两种人最受人尊重：一种是非常聪明又非常努力，从来都不因为自己的聪明而骄傲自满的；另一种是不算聪明却非常努力，从来都不为自己的不聪明而自卑。由此可见，努力的孩子到哪里都是受欢迎的。

所以，夸奖孩子努力、勤奋是非常有必要的，不仅可以让孩子避免骄傲，还可以增强孩子对抗挫折的勇气，让他们更加努力。

很多情况下，父母甚至要故意淡忘孩子的聪明，而重视孩子的努力，并把这种理念传递给孩子，让他们感觉到只有努力才能获得父母的认可和夸奖。

例如，当孩子拿着满分的试卷跑回家说："妈妈，看我得了满分，老师说我很聪明。"这时候，我们应该告诉他："你是聪明的啊，但是得满分是因为你的努力。你每天都按时完成作业，每天都认真听讲，这才是你得满分的原因。"只有这样才能将"勤奋努力"这四个字烙印在孩子的心上，让孩子爱上学习。

专家建议

那么，父母应该如何去夸奖孩子的努力呢？

◆ 夸奖进步，引导努力

当孩子某件事情做得不好时，父母要引导孩子去努力，争取做得更好，而不是直接批评孩子做得不好，打击他的积极性。例如，孩子画了一幅画，但是色彩运用得不好，父母可以先肯定孩子的努力，然后再引导他："看得出来，这幅画你画得很用心，这些地方比以前画得好多了，只是颜色有点问题。我们来试一下用这个颜色是不是可以画得更好？"这样既夸奖了孩子，又能帮助孩子进步。

引导孩子努力远比夸奖他有天赋重要得多，因为孩子的自信是在努力取得的每一点进步中建立的。

◆ 灵活掌握夸奖的尺度

夸奖并没有固定的形式和统一的标准，针对不同的事情夸奖应该有区别。例如，孩子独立完成作业是日常小事，父母口头表扬一下孩子即可。若孩子主动帮忙做家务，父母要给夸奖"加码"，除了口头夸奖外，还可以给予一定的物质奖励。

3 关注进步，给孩子满满的成就感

不管孩子取得了什么样的进步，父母都应该为孩子感到高兴，哪怕只是一点点微不足道的成绩。这样才能给孩子成就感，让孩子对学习产生越来越浓厚的兴趣。

情景再现

小英语文成绩一般，总是抱怨语文太难了。

可是，这次班级的语文测验，小英考了85分。

妈妈看了她的成绩，开心地说："天哪！你这次进步这么大呢！"

小英不好意思地说："妈妈，我们班还有好几个考90多分的呢。"

妈妈却说："咱不和别人比，咱要和自己比。你这次比之前进步了十几分呢，太了不起了！"

小英听了特别开心，学习语文的劲头明显变大了。

妈妈拿着85分的卷子，对小英竖起大拇指，母女都很开心。

你这次进步这么大，太了不起了！

别看孩子小，但好胜心和自尊心都很强，只要父母平日里多给孩子一些积极的评价，就能激发出孩子想更上一层楼的欲望，这就是成长心理学上的"表扬效应"。

美国现代成人教育之父戴尔·卡耐基曾表示："要改变人而不触犯或引起反感，那么，请称赞他们最微小的进步，并称赞每个进步。"

孩子非常期待父母的认可，而表扬正是他们确定得到认可的一个标志。当自己很微小的一个进步，都能引发父母的关注与称赞时，那种时时刻刻被在乎、被认可的喜悦，会形成一股很强的精神能量，使孩子无比兴奋、激动，进而催化出更强劲的进取心，让孩子想要变得一次比一次更好。

但很多父母不仅会忽略孩子的进步，还喜欢拿别人家的孩子和自家孩子比。比如，自己孩子考试得了 95 分，兴奋地把这个好消息告诉了妈妈。妈妈没有夸他，而是问："你的好朋友考了多少？你们班的第一名考了多少？"当得知别人比自己孩子考得好，妈妈就会说："人家考了 100 分，你才考了 95 分，可千万不能骄傲，争取下次也考 100 分啊。"结果，孩子原本挺开心的，听了妈妈的话，立马就难过起来了。

这种无效的夸奖，不仅不能夸出孩子的内驱力，还会对孩子产生消极的影响。

首先，这会让孩子对自己产生怀疑。有时候孩子明明做得不错，但是父母在夸奖孩子时，总会拿孩子和别人进行比较，生怕孩子骄傲。这种夸奖其实对孩子来说，是一种打压，会让孩子对自己产生怀疑，觉得自己很差劲。

其次，这会让孩子以超越别人为目标。父母如果经常在表扬孩子时，透出一种"没别人好"的意味，孩子就会将超越别人当作目标，而很难去享受努力完成一件事情的过程。为了赢过别人，孩子很可能会采取不正当的手段。一旦孩子失败了，孩子的心态也很容易失衡。

父母要多多关注孩子，并及时发现孩子的每个小小的进步，然后在第一时间把赞美或美好的祝愿送给孩子，让孩子提前感知明天的快乐，在当下就开始努力。

专家建议

表扬作为一个最不费吹灰之力的话术，还有哪些具体的使用方法呢？

✦ 表扬微小的进步

即便孩子的成绩只比之前多了1分，父母也要认可孩子的进步，并对孩子的这1分进步做出表扬，表扬孩子的努力。父母要尽可能多地发现孩子每一点微不足道的进步，比如多吃了两口青菜，衣服穿得更整齐了，走路更稳了，等等。在发现的同时，父母还要不吝于给孩子恰当的表扬。

✦ 及时表扬

父母发现孩子取得了进步后，哪怕进步很微小，都不要置之不理，更不要等事后再表扬孩子，而应该及时地夸赞孩子所取得的成绩。尤其是孩子主动向父母展示自己取得的成绩时，父母即使再忙也要停下自己手中的工作，真诚地给孩子一些赞美和鼓励，让孩子感受到父母的重视。

✦ 信任式夸奖

孩子感觉到被父母信任时，自然不会辜负这份信任。孩子会相信自己可以胜任，并且愿意为之负责。比如，父母想让孩子安排好学习的时间，可以说："我相信你知道怎样合理安排好时间，完成作业和复习功课。"父母想让孩子自己解决难题，可以说："我相信你能解决这个问题，不要着急，你可以的。"

4 鼓励提问，培养孩子的质疑精神

孔子说："学而不思则罔，思而不学则殆。"罔，就是迷惘；殆，就是疑惑。也就是说，只是学习而不加思考，就会迷惘无知；只是思考而不学习，就会疑惑不解。

情景再现

曾经有一位教育心理学专家，给某小学的学生出了一道测试题：一艘船上有86头牛，34只羊，问：这艘船的船长年纪有多大？

结果，有80%的同学想当然地给出了答案：86-34=52（岁）。只有10%的同学认为此题非常荒谬，无法解答。

为什么有那么多小学生不认为这道题有问题？教育心理学专家调查后发现，他们之所以做出错误的答案，是因为他们坚信不疑地认为："老师平时教育我们，只有对问题做出回答，才可能得分；不做的话，就连一分也得不到。老师出的题总是对的，总是有标准答案的，不可能没办法做，也不可能没有答案。"

情景分析

我们的孩子在学习时通常只是把自己当作一台接收器来听课，缺少一种质疑的精神。法拉第曾说过："在学术上不盲从大师，一个人应当重事不重人，真理才应当是他的首要目标。"

如果孩子在学习的过程中没有问题，那么他的学习就是肤浅的、被动的。只有让孩子养成"在怀疑中学习"的习惯，他才能在思考中学会学习，自己去寻找问题及解决问题的方法。

怀特森先生教的是六年级的科学课。在第一堂课上，他给同学们讲了一种叫作凯蒂旺普斯的东西，说那是种夜行兽，在冰川期无法适应环境而绝迹了。他一边说，一边把一个头骨传来传去，大家都做了笔记，后来又进行了测验。

结果，当怀特先生把测验卷子发下来的时候，大家都惊呆了。因为每道题都被打了个大大的红叉，全班同学的测验都不及格！

一定有什么地方弄错了！同学们说："我就是完完全全按照怀特森先生所说的写的呀，这到底是怎么回事？"

怀特森先生解释道："很简单，有关凯蒂旺普斯的一切都是我编造出来的。这种动物从来没有存在过。所以，你们笔记里记下的那些都是错的。难道错的答案也能得分吗？"

同学们都气坏了："这种测验算什么测验？这种老师算什么老师？"

怀特森说道："你们本该推断出来的，毕竟，当把凯蒂旺普斯头骨（其实那是猫的头骨）传来传去时，我不是告诉过你们有关这种动物的一切都没有遗留下来吗？但同时我还描述了它惊人的夜视能力，它皮毛的颜色，还有许多根本不可能知道的事实，你们竟然一点疑心都没有起？"

最后，怀特森先生说，这次的成绩会登记在大家期末成绩的记录簿上。他也真这么做了。他说："我希望你们从这件事当中学到点什么。课本和老师都不是一贯正确的，事实上没有人一贯正确。你们要时刻保持警惕，一旦认为我错了，或是课本上错了，就大胆地说出来。"

常言道："授之鱼，不如授之以渔。"我们要培养孩子用批判式的眼光学习、读书，看待世界。

专家建议

家长要积极鼓励孩子质疑和提问，并且要认真对待，帮助孩子形成科学的态度。那么，父母应该怎么培养孩子的质疑精神呢?

✦ 鼓励提问

新奇而陌生的世界总是给孩子带来很多问题。孩子遇到不懂的事情的时候，会不停地问这问那。这时候家长应该鼓励孩子提出问题。因为爱提问说明孩子在动脑筋，这是一种十分可贵的探索、求知的精神，是创新的萌芽。在日常生活中，家长要观察孩子的言行，发现孩子有疑问时鼓励孩子说出来，并引导孩子向纵深方向思考。习惯成自然，慢慢地孩子就会产生强烈的求知欲望。

✦ 引导观察

对孩子来说，观察是一种积极的智力活动和培养兴趣、发展智力的好途径。节假日和双休日，父母可带孩子到郊外游玩，也可带孩子到少年宫、博物馆、展览馆等场所，让孩子在观察事物中学会发现问题。接触的事物越多，他们产生的新想法就越多。

✦ 引导思考

当孩子带着问题去问父母的时候，父母不应该简单地将结论告诉孩子。告诉孩子问题的答案，远不如让孩子自己思考"为什么"来得重要。例如，当孩子问"鸟儿晚上睡在哪里"时，不必直接回答，可以与孩子一起探讨鸟儿在晚上可能的去处；当孩子问"黄色和蓝色颜料混合后会变成什么颜色"，不要简单地告知"会变成绿色"，你可以说："是呀，那究竟会变成什么颜色呢？"以此来引导孩子去思考答案。

5 ► 少用搜题软件，鼓励孩子多思考

很多问题只要认真思考一下就能解决，但孩子却不愿意动脑筋，而是依赖父母、老师或者借助工具，来获取一个现成的答案。

情景再现

小坤做作业的时候，一遇到不会的就喊妈妈。妈妈烦了，让他自己查资料找答案。

结果，小坤就爱上了搜题软件，遇到不会的地方就上网查一查，这样既保证了正确率，也可以看到解题思路，作业做得又快又好。

妈妈见儿子不再缠着她问问题也很开心，以为孩子把知识都学会了。

但期末考试，小坤居然考了不及格，特别简单的题都错了。

原来，小坤习惯了遇到不会的题就搜索答案，没有思考，自然也就没有真正掌握解题技巧。

思考好比播种，行动好比果实，播种越勤收获也越丰。一个善于独立思考的孩子才能品尝到金秋的琼浆玉液，享受到大地赐予的丰收喜悦。正如伟大的物理学家爱因斯坦所说："学会独立思考和独立判断比获得知识更重要。"他还说："不下决心培养思考习惯的人，便失去了生活的最大乐趣。"

孩子不喜欢思考，也是父母平时乐于主动提供答案养成的习惯。很多父母看到孩子迟迟无法解决问题，就会把自己的经验和方法告诉孩子。这样做可以帮助孩子解决问题，让孩子有更多的时间去做其他事情。尤其是看到孩子求助时可怜巴巴的样子，父母往往更难狠得下心让孩子自己解决问题。当父母愿意替孩子搞定一切，孩子就渐渐习惯了不去思考，自然也就体会不到通过思考去解决难题的乐趣和成就感。

孩子没有独立思考的习惯，就会连简单的题也不会做。这是因为题目里的知识点，孩子根本没有理解透彻，不能举一反三，更不可能答出一道杂糅了多个知识点的题目。基础知识不牢靠，缺乏知识储备，自然体验不到思考的乐趣。只有让孩子体会到思考的乐趣，孩子才更愿意去主动找答案，也才会越学越好。

主动思考可以锻炼孩子的思维能力，培养发散思维，让思维越来越敏捷活跃。而且，乐于主动思考的孩子，会在解决问题的过程中获得成就感，从而会更加积极地去尝试，自信心自然也会得到增强。

父母要培养孩子独立思考的习惯，循序渐进地引导孩子认清世界，品味人生，思考自己的未来。

有的父母把一切事务都安排得十分妥帖周到，从来就没有想到什么是需要孩子自己去考虑、去想办法、去解决、去处理的，长此以往会扼杀孩子的思考能力，更谈不上解决问题的能力了。父母可以从以下几个方面，培养孩子独立思考的能力。

✦ 和孩子讨论

父母可根据交谈内容经常发问，如"这两者有什么关系""你觉得怎么做会更好""你的想法有什么根据"等，以引起孩子的思考。对于已上学的孩子，可采用启发式提问，诱导孩子逐步展开思考。当孩子在想问题时，父母不要太心急，应该留给孩子足够的思考时间，尤其不要轻易把答案告诉他们。如果孩子答错了，可用提高性的问题帮助他们思考，启发他们自己去发现和纠正错误。

✦ 帮孩子理清解题思路

孩子遇到难题时，很多父母通常会直接给答案。虽然这样比较省事，但下次遇到同类型的题，孩子还是会被难倒。有时候，孩子不会做，多半是没真正搞明白题意。所以，父母不妨帮助孩子理清思路。

如何帮孩子理清解题思路？可以让孩子先读几遍题目，然后问孩子以下三个问题：

1. 在题目中找到了哪些关键的信息、条件和数字？

2. 题目在问什么？（让孩子知道题目是在考察哪些知识点）

3. 怎样利用已知信息来回答问题？

理解了题意，掌握了线索，通常解题的思路就有了。如果孩子冥思苦想后还是不会做，父母可以适当点拨孩子，也可以在教辅材料中找到相似的知识点和例题，给孩子讲解，让孩子理解例题的解题思路后再去做题。

✦ 启发式提问

当孩子提出疑问，别忙着给答案，可以引导孩子自己去思考。比如，孩子问："参考南辕北辙，照样子写词语，怎么写？"不要急于回答孩子的问题，可通过启发式的提问说出来，比如："请先观察给出的词语'南辕北辙'中'南'和'北'的关系。"孩子基本一点就通，举一反三，马上就能顺利完成题目。

6 巧用正强化，让孩子秒变"学霸"

孩子缺乏学习的动力，在学习中就非常被动。然后，家长就会忍不住唠叨、监督，甚至惩罚，比如"今天没学完不能吃饭"。但孩子越被逼迫，就越是排斥。

情景再现

沈飞是个早产儿，各方面成长都比同龄的孩子慢一些。他个头矮小，在学校各科成绩也都不如意，因此他很自卑。

有一次和小朋友在家里玩拼图，他拼得又快又好，其他小朋友都不及他。

爸爸对他说："孩子，你真行！你是一个很有潜力的孩子。虽然你现在在班上可能不如其他小朋友，不过没关系，我们一起努力，你会赶上他们的。你看拼图你都比他们拼得好。"

就因为这样一句鼓励的话语，他开始对自己有了信心，并且很快就成了班上的佼佼者。

你是一个很有潜力的孩子！

🔗 情景分析

　　美国著名心理学家斯金纳提出了强化理论。强化分为正强化和负强化。正强化也叫积极强化，是通过想要的愉快刺激来增加行为频率。比如，妈妈为了激励孩子努力学习，承诺如果他能考进全班前五名，暑假就带他去欧洲旅游。"欧洲游"是愉快的刺激，用来增加"考进全班前五名"发生的概率。

　　负强化也叫消极强化，是通过消除或中止厌恶、不愉快的刺激来增加行为频率。比如，妈妈为了督促孩子每天坚持阅读，就提出如果他每天坚持阅读一小时，就免去他每周末打扫卫生的任务。"打扫卫生"是不愉快的刺激，用来增加"每天坚持阅读"的行为概率。

　　正强化、负强化在教育孩子的过程中都是如何被使用的？效果又如何？

　　当孩子出现一个不良行为，比如不按时起床、作业字迹潦草等，父母最常用的方式一定是负强化和惩罚，比如："再不按时起床就取消周末的野餐""作业再这么潦草就一周不能看电视"，或者罚不按时起床的孩子面壁思过 30 分钟，罚字迹潦草的孩子重抄 30 遍。

　　负强化会让孩子觉得"哦，这是我应得的，我下次一定按时起床 / 认真写作业"吗？不会，他只会痛恨野餐取消、不能看电视、面壁思过和重抄作业，愤怒地想要反抗。

　　一些父母认为，如果惩罚不能起作用，肯定是惩罚力度不够。就像打你，你还不听话，那只能说明打得不够狠。于是，父母就会追加惩罚的力度：一周不能看电视改成一个月不能看，30 遍不够就让你抄 60 遍。

　　结果呢？孩子仍然没有想要心甘情愿去改正错误，反而更加愤怒，拒绝惩罚。即便你再追加惩罚力度，他也极度不配合。负强化和惩罚至此完全失效，亲子关系也进入剑拔弩张的阶段。作为惩罚者的一方，父母内心的暴怒和挫败感也可想而知。

　　下面，我们换成正强化试试看。

　　孩子不能按时起床会导致迟到，这种行为是错误的，应该改正。那么，能不能用什么愉快的刺激来弥补这个错误？比如，如果孩子不能按时起床，就播放一首他最喜欢的歌曲，或者请他做主安排自己的生日会。

错误的行为给予愉快的奖励，这难道不是在奖励不良行为吗？难道不是在变相地鼓励孩子继续犯错吗？

关于此问题，在《正面管教》中，简·尼尔森是这样写的："他们更看重的是孩子为自己的不良行为付出代价，而不是从自己的行为中学习。我要再说一遍，事实恰恰相反。孩子在感觉更好的时候，才能做得更好。"

但这并不是说，我们只能对孩子进行鼓励和表扬，不能给予惩罚。因为凡事有度，过度的表扬和过度的惩罚一样，都会失去激励的作用。

 专家建议

✦ **先批评后表扬**

当孩子的语文成绩不够好，你说："你的作文这次卷面很整洁，思路也不错，但前面的基础题错得太多了，连古诗默写都错了，作者的朝代也写错了，你都没好好背啊。"这样说只会让孩子觉得前面的表扬很虚伪，就是为了后面的批评才加上去的。

换一种说法："这次考试的基础题丢分丢得有点可惜，古诗默写有错字，作者的朝代也写错了，要好好背诵才行。不过，这次作文写得相当出彩，字迹也很工整。"这样说孩子会为作文被肯定而开心，下次也会尽量避免基础题再丢分。

很多人不是一直推崇先表扬后批评吗？但美国社会心理学家埃利奥特·阿伦森通过实验得出结论，最受欢迎的不是只表扬不批评，也不是先表扬后批评，而是先批评后表扬。先批评后表扬，让孩子更容易停留在被表扬的情绪里，从而减少对前面批评的排斥，显得客观又有诚意。

✦ **鼓励孩子当小老师**

鼓励孩子回家当小老师，由孩子来向我们讲解在学校所学的东西，以此可以考验孩子的反应能力和对所学知识的理解能力。当孩子知道要把所学的东西再讲出来，就会反复地推敲，学习时也会更加认真和积极。

第5招

积极引导

教孩子勇敢保护自己

被霸凌，孩子为何不敢反抗

有人以为校园霸凌多发生在初高中阶段，事实是，霸凌事件在小学、幼儿园也可能发生。

情景再现

某小学 7 岁小女孩，因为眼睛不舒服，被妈妈带到医院就诊。结果，医生从她的眼睛里取出好几张小纸片。

后来，妈妈从孩子断断续续的叙述中得知，是学校的 3 个男生干的：某天中午吃过午饭回到教室，有两名小男生按住这名小女孩，另外一名男生负责往她眼睛里塞从作业本上撕下来的小纸片。

情景分析

校园霸凌事件频频在校园里上演，这也给父母们敲响了警钟。只要有适合的条件，霸凌就如同幽灵，会出现在任何一所校园，任何一个年龄段的孩子身上。

面对霸凌，大多数孩子选择了沉默，选择了逃避，或者敢怒不敢言，这让霸凌者越加张狂，让被霸凌者越发无助。为什么孩子不敢反抗，也不敢求助？

一般情况下，父母的过度保护，会让孩子不知道如何反抗，他们会下意识地认为父母会为自己解决一切。美国精神病学家爱利克·埃里克森认为，父母的过度保护会阻碍儿童的自主发展，如果儿童不能自由探索，就不能获得对自我的控制感，以及对外界的自我认识，从而变得容易依赖他人。

从表面上看，父母的时刻保护可以让孩子免受一些伤害，但同时也在一定程度上束缚了孩子的手脚，让他们无法独立成长，从而剥夺了他们成长的机会。所以，当孩子遭遇外界的攻击，比如被推搡、被抢夺，他们就容易受惊，缺乏独立反抗的能力。

孩子不知道反抗，也可能是因为孩子习惯了逆来顺受，因为父母过于强势，孩子平时在家里也是这么做的。父母强势地要求孩子能做什么，不能做什么，什么样的选择都替孩子做好，基本不站在孩子的角度考虑，也不听孩子的想法。孩子如果在这样的环境下成长，就会逆来顺受。这样即使在外面受了欺负，他们也不会想办法反抗，甚至不会回家跟父母倾诉。

在老师看不到的角落，在父母忽视的地方，无数孩子深受霸凌的伤害，他们不敢反抗、不敢求助，一个人默默忍受、苦苦挣扎。幸运的孩子，尽管最终逃离了霸凌的魔爪，但却带着满身的伤。有研究显示，曾经遭受过霸凌的孩子，承受的不只是身体上的痛，还有心理上的痛。久而久之，他们会变得自卑、敏感、脆弱，没有安全感。而不幸的孩子，因为不堪忍受，常会选择自杀为霸凌画上一个悲伤的句号。

霸凌不仅包括肢体和语言上的攻击，还包括人际交往中的排挤、抗拒等，每个孩子都有可能是受害者。孩子的成长只有一次，不要让欺凌成为孩子一生的噩梦。

🎯 专家建议

那么，我们应该如何教孩子保护自己，不受霸凌者欺负？

✦ 判断孩子是否被霸凌

孩子一旦被欺负，就会在情绪上有所显露，比如郁郁寡欢、兴致不高、抵触上学等。一旦发现孩子的情绪不对，不要认为是小事而忽视，也不要过于紧张，或者大张旗鼓地询问，如："谁欺负了你，告诉爸爸。"孩子如果遭到了威胁和恐吓，多半是不敢说出来的。我们可以旁敲侧击地问："今天有没有发生不愉快的事？""有没有特别讨厌的人？"或者"课间最喜欢和谁一起玩？"注意观察孩子回答时的情绪变化，再做出判断。

此外，我们还可以从身体无故带有伤痕、个人物品常常丢失、要钱的次数增多、尽量憋着回家上厕所、失眠或做噩梦等异常行为来辨别孩子是否正在遭受霸凌。

✦ 教孩子理智应对，安全脱身

任何时候，教孩子保护自己，将安全放在第一位。如果霸凌发生在教室等有人或者距离人群较近的地方，要告诉孩子，不要害怕，要学会说"不行""不要打人""不许你欺负我"等对抗的言语，让对方知道自己的愤怒。欺凌弱小者表面上看起来很强大，其实他们心里也害怕，怕事情败露，怕受到批评。教孩子不卑不亢大声反抗，可以对霸凌者起到震慑作用。

如果霸凌发生在人少或者比较偏僻的地方，要教孩子控制自己，不要逞强斗狠激怒对方，最好顺着对方，巧妙示弱，寻找机会发出求救信号或者逃跑。比如，让孩子和对方说"爸爸已经来接我放学，就在附近""哥哥等会儿来接我一起回家"之类的话，以吓退对方。

要告诉孩子，在安全脱身后，不要心存侥幸，要及时向老师、父母说明情况，及时求助，防止再次被霸凌。

校园霸凌现象不知何时会发生，父母也不可能一直在孩子身边，所以一定要教孩子用智慧巧妙应对，保护好自己的人身、财产安全。

2 被孤立，帮孩子渡过社交难关

班里的孩子总是会自然形成三三两两的小团体，也总是有些孩子会默默地处在人群的边缘。如果孩子被孤立，我们要及时关注，尽早地帮助孩子走出困境。

小勇因为爸爸妈妈工作的关系，转到了一个新小学。但是，妈妈接他放学时，发现别的小朋友都成群结队地走出校门，三三两两地凑在一起打打闹闹，只有小勇独自默默地走出来。

妈妈问小勇："为什么不和小朋友一起？"没想到，小勇忍不住哭了起来，他说班里的同学们都不愿意和他一起玩。

看着孩子委屈的样子，妈妈特别心疼。如果小勇被孤立了，将来会不会受到排挤和欺凌？想到这些，她又有些慌乱，于是立刻到学校去找老师，希望老师能够帮助小勇。

 情景分析

孩子被群体拒绝或排斥，会严重影响孩子人际关系的发展。

当班级中出现小团体时，他们可能会出现一些不友善的行为，孤立其他孩子。

一是挑剔和嘲笑：小团体成员可能会挑剔和嘲笑其他孩子的衣着、外貌、语言等方面，让他们感到被排挤和不被接纳。

二是忽视和排斥：小团体成员可能会故意忽略其他孩子的存在，不和他们交流或者玩耍，让他们感到被孤立和冷落。

三是恐吓和威胁：小团体成员可能会用言语或身体上的威胁来恐吓其他孩子，让他们感到害怕和无助。

被孤立会对孩子的内心产生很多负面影响。首先，它可能会引起孩子的"厌学情绪"。人是社会性的动物，再内向的人也渴望和别人交流，孩子也一样。面对同学的孤立，孩子会认为是别人讨厌自己，久而久之就会厌学。

其次，孩子会变得自卑。当孩子被同学联合起来针对和孤立时，他会不自觉地反思自己是不是哪里做得不好才会被人讨厌，思考怎样才能被别人接纳。他不断地反思和自责时，性格会变得孤僻、敏感，不敢主动和别人交流。

最后，孩子可能会去主动结交"坏朋友"。很多孩子遭到孤立时，会选择去结交新朋友，以求得心理安慰和保护。他们如果认识了不良的青少年，很可能会变得不务正业，这对孩子的成长非常不利。

被孤立的遭遇，还会给人带来长远的消极作用。很多孩提时代遭受过孤立的人，成年之后，在社交方面都会出现问题。每当回忆起学生时代曾经被排斥和嘲弄的经历，他们依然忍不住会觉得难过。

专家建议

有的妈妈一听到孩子说被同学孤立了就很紧张，甚至变得不理智。我们这时首先要保持冷静，这样才能把事情解决好。那么，当孩子被孤立时，我们该怎么办？

✦ 接纳孩子的情绪

孩子被孤立时，内心会产生愤怒、悲伤和担心等挫败的情绪。我们要认同和接纳孩子的情绪，比如对孩子说"他们这样做，妈妈知道你一定很难过，很生气"。孩子只有感受到我们的理解，才会向我们袒露更多的细节。

✦ 不急于指责

当孩子在向我们倾诉时，我们不要一上来就评判孩子的对错，也不要不分青红皂白就去指责别人，比如"是你太内向"或"他们太欺负人"。前者会让孩子更无助，后者则会让孩子学会推卸责任。

✦ 了解情况

我们应该通过孩子详细了解事情的来龙去脉后，再和孩子一起分析被孤立的原因，必要时需要找老师了解情况。孩子与别人的兴趣爱好不同、以自我为中心、不善于交往、有问题行为等，都有可能被孤立。

✦ 制定对策

我们要和孩子一起制定相应的对策，鼓励孩子勇敢去面对。如果是兴趣不同造成的，我们可以鼓励孩子参加与自己的兴趣爱好相同的活动，从中认识新朋友。如果是孩子不会与人相处造成的，我们就要培养孩子的社交技能，让孩子学会正确面对社交中遇到的困难。

如果被孤立的原因来自外界，我们要鼓励孩子找到自己的优势，建立自信心，不要去妥协、去让步、去讨好别人。另外，我们可以引导孩子把注意力放到自己身上，提升自己，让自己变得更优秀，因为这样也会吸引很多朋友。

3 ▶ 不盲目助人，教孩子善良且有锋芒

没有父母希望孩子将来成为一个冷漠自私的人，但现实生活中总有些人利用孩子的善良，来欺骗、伤害孩子。

🏪 情景再现

根据真实事件改编的韩国电影《素媛》，讲述了这样一个故事：

一个下雨的清晨，年仅8岁的小女孩素媛遇见了一个醉汉。醉汉对素媛说："能让叔叔也撑你的伞吗？"

善良的素媛答应了这个请求，却不知道这将会是她一生都无法摆脱的噩梦——醉汉对素媛进行了残忍的性侵和殴打。

电影里的素媛说："我也想过直接走，但我觉得该给淋雨的大叔撑伞。"

叔叔能和你撑一把伞吗？

嗯，好的。

年幼的素媛不知道自己做错了什么，其实她什么都没有做错，她只是不知人心险恶，没有防备之心。

曾经有人做过这样一个实验：工作人员接近年幼的孩子，请他们帮自己一点小忙，比如帮他们拿一些很轻的东西，或者带他们去一个很近的地方。而大多数孩子都会放松警惕，伸出援助之手。

不要想当然地认为孩子的善良会被世界温柔以待，父母在教孩子善良的同时，更要教孩子保护自己。很多父母担心过早给孩子展示社会的阴暗面，会放大孩子内心的恐惧。但孩子总有一天要离开父母打造的童话世界，那时他们又该拿什么去面对社会阴暗的角落，去面对居心叵测的人？这也是很多孩子即使到了成年，也会毫无防备地落入他人的陷阱的原因。

一个17岁的女孩在路上遇到了一名孕妇，孕妇称自己肚子疼，请她送自己回家。善良的女孩不带半点犹豫就答应了下来，把孕妇送回了家。但她怎么也想不到，她会被孕妇用加了安眠药的酸奶迷晕，然后被其丈夫性侵。之后，她还被残忍杀害，抛尸荒郊。

"送一个孕妇阿姨，到她家了。"这是她留给世界的最后一句话。仅仅因为一时善念，17岁的生命永远停留在了最黑暗的那一刻。

有人说过这么一句话："善良是很珍贵的，但善良若是没有长出牙齿，那就是软弱。"真正的善良不是天性，而是选择，而且必须是有底线、有原则的。

孩子被拐、被抢、被骗、被害、被杀的新闻事件时有发生，没有什么能比教孩子保护好自己更重要的了。这个世界从来不只有阳光普照，也有藏污纳垢的阴暗角落。儿童早期教育鼻祖卡尔·威特说："那些只给孩子展示社会阳光部分的做法，是对孩子的极大伤害。让孩子认清一些人的真面目，不轻信他人的漂亮话，既是对孩子的一种保护，也是培养孩子智慧的一种手段。"

古人说"害人之心不可有，防人之心不可无"，"坏人"俩字不会写在坏人的额头上，如果没有一定的识别能力，大人都很容易中招，何况孩子！

专家建议

所以，父母要从根源抓起，让孩子远离坏人，不给坏人可乘之机。

✦ 向孩子求助的成年人多半是骗子

告诉孩子，如果一个成年人找孩子帮忙，那么他一定是有问题的。

一位妈妈突然生病了，她带着几个孩子一起去医院。在去做检查时，她的孩子们就坐在医院的凳子上等妈妈。

这时，几个人靠近孩子们，想要让他们帮个小忙。孩子们听着陌生人的请求，想到了妈妈经常和他们说的话："大人是不会向孩子求助的，他们只会向比他们强的人求助。"想到这些，孩子们拒绝了他们的请求。

父母可以明确地告诉孩子，如果一个成年人请你帮他做一些很简单的小事，或者要求你进入一个密闭的空间，你通通都要拒绝。即使对方是老年人、残疾人、病人、孕妇这些弱势群体，你也要拒绝，因为对方身为一个成年人不可能向一个弱小的孩子求助。

✦ 不具备救人的能力时要呼救

一个 19 岁的女孩说自己不想活了，她翻越栏杆跳进了河里。女孩的同伴见到后急忙跳下河去救她。女孩被救上来后不死心，又跳了下去。而她的同伴们再次去救她，但这一次他们都没能上岸。前前后后一共有五个同伴跳了下去，加上女孩一共六个人溺水而死。

父母一定要教孩子，施救之前要确保自己是安全的，并且掌握施救技巧。就比如说溺水，孩子可以先呼叫援助。如果能在岸上救援，就不要下水；如果可以扔一些漂浮物给溺水者，或者有相应的救援器械，就不要亲自用手去拉溺水者。

父母可以告诉孩子，遇到任何危险情况时，不可盲目施救，在自己没有能力救人的情况下，一定要报警或者求助附近的大人。

教孩子识别五花八门的网络骗局

越来越多的孩子拥有了自己的电脑和手机，上网课、网络交友、网上购物成为他们生活中必不可少的一部分。许多虎视眈眈的骗子也将他们视为"肥肉"。

情景再现

小宇特别喜欢玩手机上的一款网游，还在游戏里认识了一个网友。

这个网友经常带小宇打怪，还常在游戏里送给小宇一些游戏道具。这样一来二去，这个网友就变成了小宇的网上"好兄弟"。

当对方告诉小宇，可以免费领游戏皮肤时，小宇不假思索就相信了，加了他的微信。

小宇按照网友的要求，一步步操作下来，发现妈妈银行卡里的钱被刷走了一万多元，自己却没领到游戏皮肤。小宇这才知道被骗了。

网络诈骗分子之所以将黑手伸向青少年，主要是因为青少年的社会经验不足、辨别能力较差、法律意识不强，但其冒险精神和好奇心却很强，这也让他们更容易陷入骗子的圈套之中。

网络上针对青少年有五花八门的骗局，其中最常见的是游戏交易、网络交友、虚假兼职、虚假中奖、网络购物等形式。而青少年最容易遭遇网络诈骗的时段，就是周末和节假日等上网时间增多的时段。

游戏诈骗中，最常见的形式就是骗子在游戏中或者社交平台上发布广告，宣称买卖游戏账号、装备等，也有些以低价或免费为诱饵吸引孩子上钩。在交易时，骗子会提出前往第三方平台交易，之后就会以账号异常、提现失败等各种理由，以及交纳激活费等各种名目，让孩子转账充值。

有些骗子宣称可以解除游戏防沉迷设置，孩子信以为真后，骗子就会用充值即可解冻、威胁冻结账号、冒充警方等手段让孩子汇款。有的骗子还会趁机套取孩子父母的个人信息和银行卡号。

在社交类的网络诈骗中，诈骗分子会伪装成各种光鲜亮丽的样子，或者以各种身份和孩子交友、网恋，利用感情博取孩子的信任，之后用各种借口索要财物，到手后便从人间蒸发，给孩子造成物质和精神的双重打击。

虚假兼职和虚假中奖诈骗，一般是骗子以刷单、投票等名目承诺孩子完成任务就可以得到佣金，或者称孩子中奖，然后以各种名目要求孩子转账。孩子在网络购物中遭遇的诈骗，一般涉及虚假广告、钓鱼网站和付款欺诈等。

想让孩子避免受到网络诈骗的侵扰，我们平时就应该给孩子教授反诈骗知识。

✦ 教孩子不贪小便宜

告诉孩子，天上不会掉馅饼，低价或免费的背后往往是圈套。如果真的想购买装备、虚拟币等东西，应该去官方指定的平台，不要私下转账或者在第三方平台交易。

✦ 教孩子警惕直播打赏

孩子可能会因为主播的长相、声音、说话的风格或者才艺而喜欢对方。为了表达喜欢，他们会给对方刷礼物。对方收到礼物的兴奋也会感染他们，让他们忍不住给对方更多打赏……

虽然法律规定不满18周岁的未成年人打赏后，可以把钱要回来，但是，想要把钱要回来，父母就必须拿出合理的证据，证明刷礼物的行为是孩子自己操作的。这个过程既耗时又费力。所以，我们一定要告诉孩子，不经父母同意不可以给主播打赏。

✦ 教孩子保护个人信息

网络上的骗子会想方设法从孩子嘴里套出个人信息和家庭情况，像孩子的姓名、年龄、学校、住址，父母的姓名、职务、公司等，方便进行犯罪活动。父母一定要告诉孩子："这些都是隐私，不应该告诉别人。遇到这种人，你可以说不知道，或者不理他。"

另外，也要告诉孩子保护好自己的个人账号信息和密码，避免账号被不法分子冒用。

✦ 教孩子远离网贷

告诉孩子，"如果有人告诉你在网络上借钱很容易，不要相信，更不要听从对方的要求用手持身份证的裸体照片代替借条作为借贷抵押。这就是传说中的'裸贷'骗局，会把你拖入深渊，逼向绝境"。

告诉孩子，"不要相信网上那些贷款信息。什么'立马到账''不用担保'等信息，那都是忽悠人的，还有什么平台费、解冻费、保险费等，也都是忽悠人的"。

✦ 教孩子拒绝"出租"微信号

网络上有各类出租账号、手机卡、银行卡的广告，报酬很高。很多人看到后很心动，以为发现了新的"赚钱方法"。殊不知，这种"赚钱方法"是一种巨大的陷阱。

骗子租用微信、QQ账号，目的是进行刷单、诈骗等活动。比如，骗子租借微信收款二维码后，会利用二维码收取受骗者的钱财，再把这些钱全部转走；有时还会让出借收款码者交纳押金。最后，出借或出租者往往既拿不到佣金，押金也无法收回，还要被受骗的人追讨被骗的钱。

5 身体边界意识，帮孩子远离性侵

在我国，每天至少有 7 名儿童遭受性侵，可怕的是，很多孩子被侵犯了还不自知。这背后的根本原因是性教育的缺失，因为父母从未告诉过孩子身体的边界在哪里，没有告诉孩子如何保护自己的身体。

情景再现

央视专题片《呵护明天》，讲述了这样一个故事：

10 岁的女孩小雯，在网络上认识了一个网友。对方称自己是一个 12 岁的女孩。

有一天，小雯收到了这个网友发来的几段视频，点开一看竟然都是色情视频，被吓了一跳。紧接着对方威胁她："你看了这些视频，如果不按我说的做，我就把这件事告诉你爸妈。"天真的小雯就这样轻易地被胁迫，答应拍摄裸照、视频。

发几张裸照过来，否则，我就告诉你爸爸。

好吧。

情景分析

有些父母觉得孩子还小，进行性教育太早，但坏人从不曾怜悯孩子小。之所以有这样的误解，是因为我们总是把性教育和性爱联系起来，而忽略了性的其他内容，比如对性器官的认识、保护等。

性教育要趁早，最关键的年龄是在 5 岁之前。不要等到太迟，才想去开始。性侵害带给孩子的伤害，可能一生也无法抹平。孩子的身体和心理都处在生长发育阶段。在遭受了性侵害或者性骚扰后，那种古怪而不适的记忆，会持续影响孩子的精神世界。他们可能会因此崩溃。

《房思琪的初恋乐园》里，写尽了一个 12 岁少女被诱奸 5 年的痛苦、心碎和绝望。多么希望书里的故事是编的，但现实生活中的故事比书中更加残忍。作者林奕含以自己的亲身经历为蓝本，字字泣血地写下这些文字。她写得那么冷静、克制、清醒、唯美。而她自己的灵魂却一直浸泡在那些屈辱的记忆里，不曾走出来喘息片刻。书中的房思琪最后疯了，现实中的林奕含则选择了自杀，永远离开了这个让她无能为力的世界。

林奕含生前说过："这个故事折磨、摧毁了我一生。"

也许有些父母在愤怒之余会感到庆幸，还好自己家是个男孩子，不用担惊受怕。但现实真的是这样的吗？2020 年，英国曼彻斯特皇家法院以性侵罪名判处雷哈德·辛那加无期徒刑，据了解，他的犯案记录有 159 起，而他侵害的对象主要是年少的男孩。

林肯公园的主唱查斯特·贝宁顿，从 7 岁到 13 岁遭到一名成年男子性侵，但因为不想让人觉得自己是同性恋或者是说谎，所以只能默默忍受，最终在2017 年选择了自杀。

性侵害是不分男女的，保护自己的身体，对每一个孩子来说都非常重要。但在现实生活中，很多父母却在不知不觉中犯了大错。比如，有些父母从小给孩子穿开裆裤，亲戚朋友都可以随意触碰孩子的身体。特别是男孩，在小时候甚至经常会被人触摸下体。还有些人会随意开孩子身体的玩笑，强行亲吻孩子。这就会让孩子不知道界限的存在，也没有保护自己身体的意识。

⑨ 专家建议

父母不要因为孩子小就忽视对孩子的相关教育，要让孩子学会保护自己的身体。

✦ **告诉孩子身体的禁区在哪里**

告诉孩子任何情况下都不可以给其他人看或碰的身体部位：肚子以上的部位，即胸部；肚子以下的部位，大小便附近的地方。

父母要和孩子明确说明，如果对方要求脱衣服露出这些地方，一定要拒绝，并且马上告诉爸爸妈妈。

✦ **拒绝越界的行为和互动**

告诉孩子遇到以下行为，一定要拒绝：

1. 对方说出含有性器官或者性行为的词汇，用这些语言来"开玩笑"。

2. 脱掉孩子的衣服和裤子，抚摸孩子的隐私部位或让孩子抚摸自己的隐私部位。

3. 对孩子的隐私部位进行拍照、摄像。

4. 让孩子观看色情视频和图片。

5. 借口做游戏、需要帮助或者直接对孩子下达命令，带孩子前往一个密闭的空间。

父母可以告诉孩子，如果遇到上面的情况，可以马上大声叫喊，并告诉爸爸妈妈。

✦ **学会警惕所有人**

很多父母都会觉得，新闻里那些骇人听闻的性侵事件距离自己的生活很远。事实上，很多孩子在被侵害时都不会离父母太远，而这个施暴的人可能前几个小时还在和他的父母谈笑风生。能够伤害孩子的往往是被信任的人，比如亲人、老师、关系好的朋友和邻居等，而地点经常是学校、家、辅导或者托管机构。

父母可以告诉孩子："哪怕是平时对你很好的人，也不要轻易相信，不和他们单独去密闭的空间，更不要允许他们以任何理由触碰你的身体。"

一定告诉孩子，生命比什么都重要

父母总是注意培养孩子的智商和情商，却忽视了逆商也是孩子必不可少的能力。逆商太低的孩子扛不住事，也禁不起打压。孩子抗挫折能力差，遇到压力轻则一蹶不振，重则自我沉沦，甚至轻生。

情景再现

一个13岁的男孩和自己的妹妹打架，因为他是哥哥，妈妈就批评了他。但是男孩觉得事情并不是由自己引起的，自己却要让着妹妹，感觉十分委屈。一气之下，他直接跳进了门前的河里。

情景分析

为什么孩子会因为一些鸡毛蒜皮的小事，就轻易地放弃了年幼的生命？答案有很多，但最大的原因必定是心理原因，是因为承受不住压力。

孩子思维简单，心理不成熟，承受能力差。在遇到无法处理的挫折和问题，或者无法改变令其困惑的事实时，他们的第一反应就是逃避。而他们能想到的逃避方法，无非是离开——离家出走或者死亡。

当父母痛惜孩子不懂珍爱生命，不知爱惜身体的时候，是否想过我们自己也有责任？我们是不是忽略了生命教育？是不是给孩子施加了太大的压力？是不是从来没有教给过孩子正确释放压力的方式？

很多家长把更多的注意力都用在了关心孩子的学习和身体上，却忽略了孩子的心理健康。其实，孩子的心理是很脆弱的，一些在家长看来无关痛痒的小事有可能对孩子造成巨大的伤害。

孩子不懂得珍惜生命的另一个重要原因，是父母从未对孩子进行过"死亡教育"。对于死亡教育，更多家长的态度是漠视，或者敷衍了事。比如，当孩子问到死亡时，有的家长会把死亡说成带有浪漫色彩的童话，用不切实际的故事来欺骗孩子，比如说"死就是不在了，死了以后会成为天使去天堂"；有的家长会采取回避的态度，不做过多解释，认为孩子慢慢长大会渐渐理解，只是说"死了就是要永远离开我们生活的世界，永远不再回来"；更有甚者干脆拒绝回答，用说其他事情的方法来分散孩子的注意力。

死亡教育就像让孩子认识路上的交通标识一样，关乎着孩子生命的安全，家长们必须正确面对，并采取积极的行动。

专家建议

事实上，教给孩子珍惜生命、爱惜身体，比教给他们知识更为重要。那么，父母该如何教孩子认识死亡，珍惜生命呢？

◆ 让孩子正确认识生命的意义

家长可以采用科学的方法，比如带孩子去看些科普书籍和电视节目等，以此来详细地讲述生命从何而来，去往何处，生命意味着什么。同时，要教导孩子热爱生命，给他养盆花草、养条小鱼，从此过程中让孩子认识到生命的珍贵，让孩子了解到不仅要珍惜自己的生命，同时也要珍惜别人的生命。

正确认识了生命之后，孩子才可能正确认识死亡。在意识到生命的宝贵之后，家长还要帮孩子科学地了解死亡，摆脱对死亡的恐惧。在死亡的问题上，其实孩子很小的时候就会主动跟大人提出来，比如看见有亲人去世或看电影，这时对其进行死亡教育是非常关键的。

比如，当碰到一些电影或电视作品中提到死亡的情况，不要着急换台或关电视，可以顺便与孩子就死亡问题进行讨论，问问孩子怎么看待死亡，让孩子通过这些电影或电视内容，明白生命是有限的，是不可逆的。如果没有这样的交流，我们不只失去了一个教育孩子的机会，还很有可能让孩子因为艺术的虚构，而对死亡产生误解。

◆ 借助死亡仪式，让孩子认识死亡

遇到亲人朋友过世，家长可以领孩子参加告别仪式或追悼会。我们中国人因为习俗的关系，不太愿意让孩子接触祭祀等活动，怕孩子因此对死亡产生灰暗的心理或恐惧感。而且对于孩子来说，亲近的人突然离世，他会感到孤单、无助；另一方面，看到大人伤心痛苦，他们自己内心的恐惧感也会加强。

但从另外一个角度来看，不让他们去参加这种仪式，也无法改变死亡的事实，倒不如去发挥这种仪式对孩子更多的积极作用。让孩子通过参加仪式明白死亡是人生一件重大的事情，并让孩子通过这种仪式知道人的生命从此结束，人的生命有着怎样的意义。

正确共情

帮孩子正确面对坏情绪

为什么你越安慰，孩子越难过

　　当孩子因为比赛输了，而伤心难过、灰心丧气甚至大发脾气时，我们往往很难理解。在我们看来，一场比赛而已，输了就输了，有什么大不了的呢。

🏪 情景再现

　　小韦参加篮球比赛输了，回家的路上很沮丧。妈妈安慰道："没关系，这有啥的？友谊第一，比赛第二嘛！"

　　小韦难过道："可我们训练了那么久，就因为一次失误……"

　　妈妈不以为意地说道："没关系啦！下次比赛好好打就行了。"

　　回到家，小韦就把自己反锁进屋里，任凭妈妈在外面怎么敲门都不开，晚饭也没吃。

我们输了……

输了就输了，没关系。

情景分析

当孩子因失败沮丧的时候，父母总是习惯于用自己的感受去代替孩子的感受。在成年人看来，一次比赛失败、一次竞争落选等，都不是什么大不了的事情。他们通常会安慰说："没关系，这有啥的？下次比赛继续努力不就完了。"或者"不就是一个小比赛吗？输了就输了呗，没什么大不了的。"

试想，如果你在工作中把一个项目搞砸了，正在难过，同事过来云淡风轻地说："哎呀，不就是一个小项目吗？砸了就砸了，没什么大不了的。"

你是什么感受？是不是觉得对方特别不近人情？难道连难过都不允许吗？真是站着说话不腰疼！你是不是会更加难过，甚至气愤？同理，父母嘴里的"没关系"，孩子听了也会因为感受不到理解而更加难过、委屈。

而且，父母的否定和不理解，也会让孩子认为脆弱是不被允许的。但年龄尚小的他们又不知道如何让内心变得强大，于是只好在外表铸造起一层坚硬的壳，把真正脆弱的部分包裹起来。为了保护自己，他们会刻意让自己看上去非常强势。他们不能接受自己处于弱势，不能接受失败，甚至不能接受自己的普通。他们只有在比别人都强的时候才会有安全感，一旦真的处于弱势或者失败，就会崩溃。

更重要的是，我们今天所用的这种"没关系"式的强势安慰，会让他们的情绪感受力逐渐丧失，成为没有同理心的人。

专家建议

当孩子因为失败沮丧时，他会感觉孤独，没有安全感。这时父母应该耐心地和孩子沟通，理解孩子的心情，帮助孩子慢慢消除负面情绪。

◆ 体谅孩子的难过

当孩子因为比赛失败而沮丧时，不妨把"没拿奖就没拿奖吧，也犯不着哭啊。比赛总是有输有赢的"，换成"你每个周末都在辛苦排练，没得奖肯定让你很伤心啊"。这样孩子虽然仍然有点难过，却得到了安慰。

当孩子因为考砸了而难过，不妨把"这次没考好就算了，下次努力就行"，换成"这次没考好，我知道你很难过，辛辛苦苦地复习，结果却不如意，换谁也不开心。"

当孩子因为某种原因感到伤心难过的时候，不必急于劝慰孩子摆脱难受的心情，而是要先与孩子产生共情。因为此时孩子正处在情绪状态中，需要的是爸妈情感上的理解。让孩子感到我们正和他一起面对这样"不幸"的时刻，接纳和体谅他们的难过。

✦ 鼓励孩子宣泄情绪

当孩子感受到委屈、难过时，请允许他哭泣。尤其是习惯压抑情绪的孩子，我们更要鼓励他通过宣泄来表达情绪。

所以，当孩子向我们倾诉或者哭泣的时，我们一定要给予温柔的呵护。因为哭泣本身就是情绪的宣泄和表达，有助于减轻失败引起的焦虑。

我们也可以通过其他方式帮孩子排解负面情绪，比如运动、画画、跳舞等。这些活动都具有表达情绪的作用，有助于放松身心。

✦ 表扬做得好的地方

当孩子因为下棋输了难过时，我们可以说："我看你刚才下得很认真，虽然输了，但我觉得你刚才那一步走得很巧啊。"孩子难过的情绪就会被夸奖稀释不少。

表扬孩子在游戏或者比赛过程中做得好的地方，让孩子看到自己虽然输了，但也有值得骄傲的地方。表扬可以让孩子感受到不管输赢，爸妈都会在他们身边，是理解和爱他们的。

✦ 给孩子时间去适应

当孩子因为好朋友转学了难过时，我们可以说："看你这几天情绪一直不太高，好朋友转走有一个星期了吧？今天你想不想给他打个视频电话？"这样孩子的难过会瞬间被小期待和兴奋代替。

如果事件的打击程度比较重，孩子不会立即甩掉难过变得开心，那就给孩子一点时间去平复心情。之后，我们可以体会孩子的感受，说"我看到你因为这件事难过了很久了"，让孩子再次感受到被理解。我们尊重了孩子的难过，就像为孩子的难过修了一条渠，它会很自然地流走……

2 允许孩子哭，让坏情绪流出去

生活中，父母总是渴望孩子开开心心、快快乐乐，而不想看到孩子哭哭啼啼、悲伤难过。所以，父母听到孩子哭的第一反应，并不是接纳，而是想办法尽快让孩子停止哭泣，甚至命令孩子"不许哭"。

情景再现

鹏鹏的冰激凌掉在了地上，崩溃大哭。爸爸忍不住怒道："哭什么哭，自己不拿好，怪谁？看大街上这么多人都看着你，丢不丢人！"

鹏鹏努力收声，却抑制不住地抽泣，看着掉在地上的冰激凌。

爸爸拉着他催促道："等会儿再给你买一个。你是男子汉，别动不动就哭，知道吗？"

最爱的冰激凌掉了，孩子很难过，不知道如何表达自己的情绪，只有哭泣。这原本是很正常的情绪表达，却引来了爸爸的一番斥责。

等会儿再给你买一个。你是男子汉，别动不动就哭！

情景分析

你是不是也有同感？孩子一哭，就烦躁不安，忍不住想要发火？

情绪并无好坏，都是正常的情感反应。而且，允许孩子哭泣比让孩子笑更加重要。想想看，我们自己心里郁闷不爽的时候，会怎么样？到 KTV 吼儿首歌？大吃一顿？去商场"扫货"？有时候，是不是也羡慕孩子想哭就哭？这都是发泄情绪的方法，而我们需要发泄。相对于成年人，孩子发泄的渠道大概只有哭了。那么，作为父母，我们为什么要阻止孩子去发泄？为什么听不得孩子哭？

首先，孩子的哭声会给父母带来特殊的刺激。

孩子不具有语言表达能力的时候，只能通过哭来表达需求，比如渴了、饿了、难受了。这种表达会对父母产生一种特殊的刺激，会刺激父母的大脑，让其心跳加速、血压升高、感觉难受，从而影响情绪。

其次，父母的同类情绪被引爆。

有心理专家表示，如果孩子哭让父母觉得心烦意乱，那往往是因为父母内心积压了太多负能量，却一直没有宣泄的机会。而当孩子的哭泣触及父母内心的同类情绪，父母作为成年人就会担心自己压抑不住、失控，所以才会大声喝令孩子停止哭泣。

再次，孩子的哭泣会让父母产生无能感、挫败感。

德国教育专家麦克指出，我们不喜欢看到孩子难过、哭泣，不仅是因为哭泣让我们觉得麻烦，还是因为孩子的哭泣让我们怀疑自己的价值。孩子一哭，很多父母就觉得"麻烦"来了，"无能"的感觉也随之而来。

尤其是当想了很多方法，做了很多努力，都无法制止孩子的哭声时，父母就会被无能为力的挫败感淹没，认为"我已经尽力了，你还要我怎么样"。很快，这种无助感、挫败感又会变成烦躁和愤怒。

在成长的过程中，孩子不可能永远都是开开心心的，总是会有很多孩子处理不了的委屈、难过、沮丧。允许孩子表达负面情绪，是引导孩子学习情绪管理的第一步。

孩子表达负面情绪不被认可，只会带来两种结果：一种是孩子将情绪"丢"给他人，一切都归咎于别人，认识不到自己的错误；一种是孩子将负面情绪埋在心里，成为孩子攻击自己的武器。

如果父母不允许孩子表达负面情绪，这些负面情绪就会像泥沙一样，一点点淤积在孩子心里，变成沉重的负担，直到把孩子压垮。

专家建议

允许孩子哭泣比逗孩子笑更重要。那么，在孩子哭的时候，父母应该怎么才能做到情绪平和呢？

✦ 不急于回应

哭泣是孩子在释放负面情绪，所以父母要给他一点时间去宣泄，不要急于回应。比如，当孩子因为找不到少先队队徽而哭时，不要立即指责："你不会再好好找找吗？真是烦死了！"可以等他哭一会儿，再做回应："队徽找不到了是吗？你昨天换校服取下来没有？"这样可以让孩子冷静下来，开始回忆，自己寻找。

✦ 直接告诉孩子：我很生气

父母生气时，可以试着把"生气"说出来。当父母告诉孩子"我现在很生气"时，随着这句话的表露，他们内心的负面情绪其实就已渲泄了一半。孩子听到你是用说的，而非面目狰狞着怒吼，内心自然不会滋生对抗情绪，反而会反思自己的行为，然后搜肠刮肚用更诚恳的态度回复你。

✦ 找个可信之人，诉说烦闷

父母可以找一个只有自己的空间，然后给相熟的可信之人或者给特别好的朋友发信息，把心中的愤怒以文字的形式打出来发给对方，一定要用文字的形式，而不是语音。在书写的过程中，我们也许一开始很激动，但写着写着，在对方的倾听和疏解下，心中的愤怒就会随着那些文字的流出而慢慢减少，并最终恢复平静与理智。

3 孩子发牢骚，耐心倾听

孩子发牢骚抱怨，仅仅是在发泄不良情绪、疏解压力而已。父母只要做到全神贯注地听，不做主观评价即可。

情景再现

妈妈下班刚回到家，就听见甜甜在那儿发牢骚。甜甜拉着妈妈说："妈妈，今天吴婷婷她……"

妈妈一身疲惫，忍住不耐烦打断道："等一下，我正忙着呢，鞋子还没换。"

等妈妈收拾完毕，准备去张罗晚饭时，甜甜又跑过来对妈妈说："妈妈，吴婷婷今天想借我橡皮，我没借，她就说我坏话！"

妈妈想着还有一堆家务活儿要做，听了甜甜的牢骚更是烦躁不已，忍不住回道："这么点小事，值得吗？赶紧写作业去！"

情景分析

在很多父母眼里，孩子的烦恼无非就是"作业太多""老师偏心""同桌把自己的橡皮擦黑了""今天学校的午餐有自己最讨厌的洋葱"等一些鸡毛蒜皮的小事，而自己还有一大堆正事等着去忙，实在没那闲工夫也没有心情去听。

所以，很多父母面对孩子发牢骚，不是敷衍就是忍不住反驳或者训斥一顿，比如："这有什么，你能不能大度一点？""他打你，你不会打回去吗？""你怎么可以这么说老师？""怎么就你事儿多？""我看你就是故意在找碴儿。""没关系的，你是男子汉，要坚强。"……

父母的这种回应往往会让孩子很受伤。父母只站在成年人的高度上看问题，难免会"站着说话不腰疼"。这非但不能帮助孩子排忧解难，还会引起孩子情绪上的对抗，变得不再愿意与父母说心里话。

孩子的情绪被压抑下来，并不代表他可以自我消化。有研究发现，人脑中负责控制情绪的前额脑皮质，到20～25岁才能发育成熟。在此之前，孩子很难有效调节自己的情绪。父母如果没有给孩子合理的引导，孩子就会用诸如哭闹、摔东西、朝他人发脾气等不正确的方式来发泄情绪。久而久之，他们在心理和性格方面也会出现问题。

很多时候，孩子发牢骚、抱怨，需要的仅仅是一个耐心倾听的听众。我们不妨认真听一下，不做任何主观评判。听的过程中，我们适当做点简单回应，表达一下同情和理解即可。在耐下心来认真听完孩子的牢骚之后，我们往往会惊奇地发现，我们根本不需要给什么建议，也不需要讲任何大道理，孩子自己就能从坏情绪里走出来，还能自己找到解决问题的办法。

总有父母抱怨说，孩子越大越不愿意跟自己沟通了。其实，不是孩子不愿意沟通，而是孩子无法在和父母沟通的过程中获得尊重、理解和支持。谁愿意去跟一个总是居高临下批评教育自己的人聊天呢？所以，当孩子向我们发牢骚的时候，无论他们的烦心事在我们眼里是多么不值一提，都请暂停手边的事情，全神贯注地倾听，真正尝试与孩子共享，回应他的感受。

孩子向父母倾诉烦恼时，必然是到了难以忍受，不得不说的时候。因此，父母在倾听时要格外慎重。父母一旦反应过度或者做出消极回应，就失去了了解事情全貌的机会，孩子的负面情绪也得不到化解。如果父母听完就对孩子发脾气，大加斥责甚至打骂，说些"我早就和你说过……"之类的话，那就更无异于落井下石。这样做往往会给孩子造成二次伤害。

专家建议

那么，作为父母，当孩子发牢骚的时候，具体该如何听呢？不妨参考下面的方法。

✦ 共情式回复

倾听不是为了说教，更不是为了批评，而是为了理解。如果父母听见孩子发牢骚，能够站在孩子的角度思考一下，使用共情式回复，孩子听了一定会很开心自己被理解，甚至会因为这份理解而主动去想办法解决问题。

✦ 引导孩子梳理情绪

引导孩子梳理情绪，可以让孩子感受到父母是理解他的感受的。在孩子倾诉结束后，父母可以对孩子说"你觉得……（愤怒、伤心等情绪），是因为……（原因），你认为应该……（孩子的想法）"，引导孩子准确表达自己的感受、想法。循序渐进，孩子就能主动、清楚地表达了。

✦ 默默陪伴

孩子心情不好、烦躁不安时，往往缺乏安全感，这时父母可以采取默默陪伴的策略。父母可以利用亲密的肢体接触，来缓解孩子的不安，比如搂住孩子的肩膀，与他手拉着手，给他一个拥抱。孩子觉得父母是可以信任、依靠的，他才会愿意说出心里话。

孩子发脾气，表达认同让愤怒熄火

儿童心理学者黛博拉·麦克纳马拉博士认为："发脾气本身是无害的，有害的是阻止孩子发脾气。"事实上，是个孩子就会有发脾气的时候。当孩子发脾气的时候，父母应当表达认同、给予理解，然后再采用适当的方式方法安抚孩子的情绪，这样才能更有效地熄灭孩子的怒火。

情景再现

小泽拽着妈妈的衣服恳求道："妈妈，你带我去买水枪吧？"

刚下班的妈妈实在不想动，就对小泽说："妈妈今天太累了，明天去吧！"

"不行，我今天就想玩……"小泽死命拽着妈妈的衣角，又哭又闹。

妈妈费力掰开小泽的小手，坐在沙发上，不再搭理小泽。只听见"砰"的一声巨响，小泽把椅子推倒在地，然后狠狠地瞪着妈妈。妈妈顿时火冒三丈，把小泽揍了一顿。

情景分析

当孩子任性不听话，还大发脾气摔东西时，孩子心里有火，父母心里的火往往更大，此时以暴制暴、武力压制几乎是很多父母的条件反射行为。然而，通过暴力手段强行镇压孩子的怒火，真的好吗？

心理学家认为，孩子发脾气，看似在向父母施压，其实是在向父母求助。孩子通过发脾气的方式向父母袒露自己的坏情绪，是在向父母传递一个求救信号：我很不舒服，我不知道怎么办，请你帮帮我！然而，一些孩子一次次的求助，换来的却是父母一次次令人心寒的暴力回击。

网上有一个孩子殴打育儿老师的视频，里面的小男孩情绪失控，歇斯底里地大叫、砸椅子、掀桌子、扔东西、打人，非常"暴力"。他的妈妈则冷漠地站在旁边观望，仿佛置身事外。

当孩子在愤怒的时候，最信任、最亲密的父母却表现出冷漠甚至嫌弃，亲子之间的联结就很容易断。孩子不能确定父母是否还爱自己，出于害怕的本能，只能变本加厉，来试探父母究竟是否在乎自己。

美国教育学家帕蒂·惠芙乐说："孩子的怒气，通常掩盖着某个可怕的经历。"没有孩子的愤怒是毫无理由的。父母看到孩子愤怒的表象，更要看到孩子愤怒的本质。孩子不会无缘无故地发怒，父母要看懂孩子的求救信号。

当孩子冲我们发脾气的时候，我们要做的不是去制止他的怒气，而是要了解他发脾气的原因，表达认同和理解，慢慢地帮助他熨平内心的起伏波澜。

愤怒的背后，必有所求。唯有父母看到孩子愤怒背后的需求信号，表达认同和理解，才能让孩子平静下来。

一个单亲妈妈独自抚养两个儿子。她在弟弟过生日的时候，送给他的生日礼物和哥哥一样，都是一套奥特曼。弟弟收到礼物时，不但不开心，还无比愤怒，他大喊："你为什么送我这个？你心里根本没有我！只有哥哥……"然后，他就要去摔礼物。

妈妈没有训斥他，而是敏锐地觉察到：弟弟收到和哥哥一样的礼物，感觉自己不被重视了，他在质疑妈妈的爱。

于是，妈妈平静地说："我很遗憾，你不喜欢这个礼物。也许你认为我送你的礼物和哥哥的一样，所以并没有花心思给你选礼物。"

妈妈见弟弟没有说话，接着说："我送的礼物可能不是你喜欢的，但我爱你。你可否把你想要的礼物告诉我？下次过生日的时候，我送你。"

听到这里，弟弟的怒气已消，接受了生日礼物，并且开心地告诉她下次生日希望收到的礼物是什么。

看见需求，是疗愈的开始。孩子愤怒时，我们要把它看成一种求教信号，并问自己："孩子想要的是什么？"然后，我们只需平静地、温和地，表达对孩子的理解，孩子就会停止愤怒，慢慢回归平静。

专家建议

面对孩子情绪失控，父母要了解孩子的需求，给出正确的回应和帮助。

✦ 倾听

愤怒的孩子不需要长篇大论的说教，父母只要倾听、理解和接纳就好了。如果孩子是向父母本人表达愤怒，说出一些过激的话，比如"我恨你""你真是烦死了"等，这时候父母千万不要当真。孩子被愤怒冲昏了头脑，口不择言是常有的事。

✦ 表达认同

父母可以适当地表达自己对孩子愤怒的认同，比如："他这样做你很生气吧？换作是我也会生气的。"这有利于孩子和父母重新建立起信任。

这时候父母一定要顺着孩子的话说："你生气，是因为我没有答应你的要求吗？"如果父母跟孩子说"不准说这种话，不要让我听到第二次"，那么孩子的情绪就会更激烈。

很多时候，孩子需要的并不是实现所有愿望。他们真正需要的是父母看到他们的需求，理解他们的感受。

5 孩子生闷气，引导他说出烦恼

　　孩子的情绪在成长过程中是非常敏感和易受影响的，他们可能会因为各种原因而感到烦恼，又无法排遣，只能生闷气。作为家长，我们需要了解孩子的感受，并引导他们说出自己的烦恼。

情景再现

　　放学回家，齐齐闷闷不乐。爸爸就问他："你今天看起来有些不开心，有什么烦恼吗？"

　　齐齐沉默了一会儿开口道："小天给我起了个外号，我很生气。我再也不要跟他玩了。"

　　然后，爸爸问取的什么外号，齐齐回答说是"阿奇"。

　　"是《汪汪队立大功》里的阿奇吗？"爸爸又问。齐齐点了点头。

　　爸爸想了想，说："原来是这样，如果我是你，我也会生气。不过，阿奇可是《汪汪队立大功》里的超级英雄。当然了，如果你不喜欢，可以直接告诉他。"

　　齐齐听了爸爸的话，心情好多了。

情景分析

孩子在学校里与同学发生了矛盾，或者遇到了自己难以解决的问题，往往会选择生闷气的方式，压抑自己的情绪。而躲在一边生闷气的孩子，常常会被家长忽略，因为很多家长认为此时让孩子冷静冷静，反思一下就行了，便由着孩子自己生闷气。然而，这样的行为不仅会加深他们的烦恼和不良情绪，还会导致他们感到孤独和不被理解。

当孩子生闷气的时候，父母要让孩子通过正常的途径宣泄出来，避免情绪积压在心里，影响孩子的身心发育。父母首先要主动关心孩子的情绪，引导孩子说出自己的烦恼。当孩子说出自己的烦恼后，父母要第一时间认同孩子的感受，让孩子感到父母是支持他、理解他的，然后再慢慢引导孩子正确看待自己的烦恼。如果家长一开始就不认同孩子，那么孩子很可能会拒绝倾诉，这样一来他们的负面情绪就无从宣泄了。

比如，小超放学回家，刚进门就生气地发牢骚："他们凭什么不让我参加今天的足球赛，因为我没带运动服就让我坐冷板凳，也太不公平了！"妈妈说："谁让你不带运动服了，没运动服怎么打比赛？"小超听了更生气了："别说了，我就知道你只会替他们说话！"说完便重重地关上了自己的房门……

引导孩子说出自己的烦恼，需要父母具备足够的耐心和倾听技巧，同时也需要父母主动关心孩子的情绪变化，稳定孩子的情绪，再和孩子一起探究问题的根源。这样才能更好地帮助孩子，让他们感到被理解和支持，增强他们解决问题的信心。

专家建议

孩子的负面情绪需要宣泄，父母要引导孩子学会积极表达，倾诉烦恼。那么，父母具体该如何做呢？

✦ 提供感情支持

当孩子打开话匣子的时候，千万不要打断或者跳出来提自己的看法，只需要为他们提供感情支持即可。父母需要耐心倾听孩子所说的话，关注他们的表情和语气，认可他们的感受和心情，从而建立起良好的沟通渠道。

✦ 鼓励孩子把烦恼写在纸上

有时候孩子生闷气，并不愿意把自己的烦恼说出来，父母可以鼓励孩子把烦恼写在纸上。如果孩子不愿意让父母看纸上的内容，父母也要尊重孩子的意愿。之后，父母可以让孩子玩撕纸游戏。当孩子将写满烦恼的纸片撕得支离破碎时，他们的烦恼或许也会一起烟消云散了。

✦ 让孩子说出自己的不快

很多时候，让孩子愤怒的事情只是芝麻大点的事情，所以他也不好意思说出愤怒的原因。这时候父母可以引导孩子畅所欲言，告诉孩子每个人都可以在不被打扰的情况下说出自己的愤怒。即使愤怒指向了父母本人，父母也要耐心地听下去。

孩子在发泄愤怒的过程中，看到父母在认真地倾听自己说话，愤怒的情绪往往就会得到很大的缓解。

✦ 适当地开导孩子

父母在孩子发泄完情绪之后，需要及时地帮孩子梳理整件事情，开导孩子。在孩子发怒时，父母可以问问孩子生气的原因。等孩子发泄结束，父母要适当劝慰孩子，让孩子不要对一件事情耿耿于怀。父母理性客观的分析、体贴包容的劝解，一定能够让孩子逐渐远离烦恼。

6 二胎家庭，理解"老大"的恐惧和失落

很多父母反映，随着二宝的出生，大宝开始出现诸多不正常，比如敏感、脆弱、任性，行为退化、黏人，容易生病、咬指甲等。这就是"二胎家庭长子（长女）适应障碍综合征"常见的症状。

情景再现

5岁的小梅几乎每个星期都要去一趟医院。她不是肚子痛就是头痛、眼睛痛，五花八门的痛。但是检查结果却显示没有任何异常。

后来，在医生的提醒下，妈妈才发觉，小梅的反常是从弟弟出生后开始的。而且，小梅也变得比以前黏人、任性。比如，在弟弟哭的时候，她非缠着妈妈讲故事，有时候还打弟弟。

于是，医生推断，小梅患的是"二胎家庭长子（长女）适应障碍综合征"，建议妈妈带小梅去做心理咨询。

没看见弟弟在哭吗？你不会自己看吗？

妈妈，你给我讲故事。

大宝所有的情绪和行为异常，都只有一个目的，那就是把爸爸妈妈从弟弟妹妹那里抢回来。

当父母因为二宝的到来欣喜不已，迫不及待地把爱捧给这个小天使时，老大的感受是什么呢？他会觉得这个新来的小孩抢走了原本属于自己的爸爸妈妈，爸爸妈妈不爱自己了。他内心失落、恐惧，茫然无措。

于是，他会想方设法把爸爸妈妈叫到自己身边："妈妈，你过来一下。""妈妈，你给我讲故事。""爸爸，你帮我叠纸飞机。"……如果这一招不能奏效，甚至招来爸爸妈妈的斥责，他就会以任性、哭闹等方式来对抗，让父母不胜其烦。

面对新来的威胁者，他抑制不住嫉妒甚至恨意。所以，他会趁爸爸妈妈不在，悄悄欺负一下这个小孩，掐一下，推一下，打一下，以发泄自己内心的不满。

以至于有很多父母，在有了二胎之后，开始出现嫌弃老大的心理。因为和二宝相比，大宝越来越不听话。一位妈妈就说："为什么生了二胎后，我越来越讨厌老大了？我经常因为他吃饭磨蹭、不肯自己穿衣服、把妹妹吵醒……忍不住揍他。"

个体心理学创始人阿德勒研究认为，孩子出生的不同顺序，会影响父母对孩子的态度，乃至塑造出孩子不同的性格。当家里只有一个宝宝时，父母会倾其所爱，把他奉为至宝。而当二宝出生后，父母的爱就会不自觉地转移到更小的孩子身上。

这是因为，在二宝出生后，父母会自动把大宝升级为"大孩子"。哪怕大宝才3岁，他们也会认为他已经大了，很多事应该自己独立解决了，却忽略了他也还是个孩子，他也需要爱。更重要的是，原本围着他转的爸爸妈妈一下子"背叛"了他。

当然，父母也很无奈，一边是照顾二宝忙得晕头转向，一边是大宝各种哭闹，各种找事。他们很可能会忍不住朝大宝吼一顿，吼完又心疼，心里五味杂陈。有时候，他们也会觉得："我都宠你好几年了，难道还不够吗？弟弟可是才出生。"父母认为给大宝的爱已经够多，但在大宝眼里，曾经自己享受到的爱越多，现在内心的失落就越大。大宝在意的是父母对自己态度的变化，他担心的是父母不爱自己了。

专家建议

父母在确定要二胎时，一定要照顾大宝的情绪，绝不能忽略他的感受。那么，父母该如何降低大宝的危机感呢？

✦ 让大宝感受胎儿的成长

怀孕期间，妈妈可以有意识地让大宝去感受胎儿的成长。让他摸一摸隆起的肚子，感受一下胎动，告诉他："你小的时候，也是这样长大的，比他还顽皮，晚上都不睡觉，在那儿练拳脚。"让大宝感受生命成长的神奇，培养他对肚子里这个小生命的感情。同时，也让他体会妈妈怀孕的辛苦和不容易，更有责任感。

✦ 用礼物帮两个孩子建立联结

在二宝出生之前，准备两个礼物。一个礼物给大宝，告诉他："恭喜你就要成为哥哥了。"然后，把另外一个礼物也递给他，对他说："这个礼物是我们迎接小宝宝的，你来负责送给他，可以吗？"如果可以去医院探视，就让大宝把礼物带到医院，送给自己的弟弟或者妹妹。

这个过程可以让两个孩子建立联结，让大宝感受到弟弟妹妹的到来是一件值得庆贺的事。

永远不要说"你是哥哥，要让着妹妹""你这么大了，不知道让着弟弟吗""你是姐姐，要让着妹妹""他不懂事，你也不懂事吗"……这是俩孩子闹矛盾时，大人最常见的处理方式。这会让大宝委屈：凭什么自己就要让着妹妹？

要做到公平虽然很难，但一定不要在冲突发生后，第一时间就指责大宝。尽量先弄清事情的来龙去脉，谁错罚谁。

◆ 禁止别人开"你妈生了弟弟，就不要你了"的玩笑

有网友回忆说，小时候，一个常来串门的邻居奶奶，有一次指着怀孕的妈妈说："你看，你弟弟就要出生了。你妈生了小弟弟，就不要你了。"他听完冲着对方又哭又喊，但他反应越激烈，这个奶奶越开心。他还记得当时，爸爸妈妈就在旁边，也乐得哈哈大笑。很多年过去了，他依然记得自己当时害怕的心情。

这种话在大人看来就是一句玩笑，小孩子却会当真，所以我们要严禁别人和孩子开类似的玩笑。

总之，父母有了二宝，一定要提醒自己，不要减少对大宝的关注和爱。大宝只有享受到足够的爱才能有安全感，才不会害怕爸爸妈妈的爱被弟弟妹妹夺走。

适度放手

让孩子学会自己管自己

培养自律，从给孩子自由支配的时间开始

父母把孩子的时间安排妥当，是担心一旦把空闲时间完全交给孩子自由安排，让他随心所欲，他肯定会管不住自己，把时间都浪费掉。所以，父母恨不得把孩子所有的时间都填满。

情景再现

骏骏刚上小学五年级。为了让他将来能考上重点高中、重点大学，爸爸妈妈计划对他重点培养。

原本骏骏的学习成绩也不错，为了让他能够"更上一层楼"，妈妈为骏骏制订了详细的学习计划，将他每天放学后的时间安排得满满当当。周末，除了要上书法课、篮球课，还要上语文、数学、英语补习班。

看着别的同学三五成群地玩耍，而自己却要赶时间去上课，骏骏觉得很不公平，对学习越来越没兴趣。

情景分析

为了让孩子将来有一个美好的前程，父母恨不得孩子一天 24 小时不停地学习。但是家长有没有站在孩子的立场想一想，完全靠监督的孩子，又哪里有机会去管理自己呢？父母的监督属于他律，一旦离开了父母的掌控，孩子就会完全放飞自我。

事实上，会自由安排时间的孩子，比那些时间被父母安排满的孩子更有主见和想法，也更自律。

对于经常有自由时间支配的孩子，你给他一天时间，他能很快做出安排：去研究一个汽车模型，或是去阅读机械方面的书籍，或是去博物馆看看有什么新展品，又或是约几个朋友一起玩。而那些从来没有自由支配时间的孩子，他们一下子拥有了时间会意外惊喜，觉得有很多事要做，可又不能果断确定做哪件，由此变得迷茫而烦躁。最后，他们可能还是会听从父母的安排。他们习惯了父母的安排，就不会再费力去做选择，觉得那样省心又省力。

美国纽约大学的尼尔·波兹曼教授曾提出，只有在闲暇的时候，人才会花时间思考和学习。给予孩子自由管理空闲时间的机会，不仅是在帮助孩子发展做决定的能力，也是在帮助孩子学习自我管理。因为当没有了父母的干涉，他们做出的选择才会出自内心。这能帮助他们认识自己，找到自己，做更好的自己。

心理研究表明，孩子在成长阶段，需要存在脱离父母控制的、由孩子开辟出的自由空间。所以，父母要给孩子一些时间去自由支配，让他们自主决定做什么，从而让这种空间得以扩大，让孩子的身心得到放松和滋养。

专家建议

那么，父母该怎样留出自由时间，让孩子自行管理呢？

✦ 自由时间留多少

制定日程时将一段空闲时间作为自由时间，不安排任何计划，但需要规定好开始和结束时间。帮助孩子理解时间管理需要安排放松和休息时间。最好让孩子在写完作业后，有30分钟的自由活动时间。

周末应该给孩子半天的休息时间，由孩子自由支配。在寒暑假期间，每天至少给孩子3～4个小时，让他做自己想做的事情。通过给予孩子一定的自由时间，能够激发孩子的能动性，帮助孩子增强适应能力，提高思维和逻辑水平。

针对孩子的自由时间，父母可以先和孩子讨论交流，弄清楚孩子想如何支配。有一点很关键，不管孩子想看电视还是玩游戏，父母都不要去干涉。

✦ 自由时间需要规则

父母在给予孩子自由时间的同时，也要将具体规则告知孩子，让孩子在自我规范的前提下更好地进行时间管理。

需要遵守的规则，第一就是安全。孩子可以在自由时间探索世界，但这要在保证安全的前提下，不要去危险的场合，比如去河里游泳、去山里探险等。

第二是防止过度带来的危害，尤其是在电子产品方面，要设定合理的时间。比如，规定孩子周六有3个小时的自由时间，孩子想全部用来看电视或是打游戏，这不应该被允许。父母应该规定每天玩电子产品的时间，最多只能有一个小时，时间一到就收回，不可以妥协。

✦ 满足孩子合理的假期要求

有的父母表面上听孩子的意见，但孩子说完，就找各种理由去反驳或者根本就不重视。这样一来，孩子就不再有参与的热情了：反正说了等于没说，干脆不说。既然让孩子参与，那就适当采纳。对于孩子合理的要求，有条件的话，父母应该尽量满足。

我们都希望孩子自律，那就给孩子时间去自由支配。在支配时间的过程中，孩子会慢慢学会掌控自己，掌控时间，从而变得独立且自信。

② 有些事，让孩子自己做决定

　　父母的代劳、包办，不仅减少了孩子锻炼的机会，也增强了他们对父母的依赖心理。只有给孩子做决定的机会，才能帮孩子提升独立思考和独立做主的能力，也才能让他们成为更优秀的自己。

🏪 情景再现

　　冬冬蹲在地上系鞋带，因为不熟练，鞋带总是散开。

　　妈妈在旁边等得不耐烦了，说："换一双鞋，你干吗非要穿这双系鞋带的鞋？"

　　冬冬不肯换，说："我就要穿这双。"

　　妈妈无奈地说："要不我帮你系吧？你太慢了。"

　　冬冬固执地推开妈妈，说："不用，我自己会系。"

　　妈妈生气地拿出一双粘扣的运动鞋，说："听我的，就穿这双。你再磨蹭，就得迟到了。"

就穿这双，听我的。

我不，我就要穿这双！

情景分析

孩子从来到这个世界的第一天起，就已经是一个独立的个体。孩子有手能做事，有脑能思考。作为家长，我们培养孩子的最终目的，是让孩子成为能为自己负责的人。

想要孩子学会做决定，在养育孩子的过程中，父母就要懂得逐渐放权：孩子上幼儿园的时候，可以告诉他们怎么做；上了小学，要适当给他们做决定的机会；到了初高中，授权要随着年龄的增长逐渐增多；等到了大学，孩子就能完全独立，自己做主了。

下面，让我们来看看随着年龄的变化，在和孩子有关的事情上，父母和孩子所持有决定权的变化，以及所承担责任的变化。如下表所示：

年龄段	孩子的决定权	父母的决定权
0～1岁	无决定权	完全决定权
2～3岁	少部分决定权	最终决定权
幼儿园	部分决定权	最终决定权
小学	部分决定权	最终决定权
初中	部分决定权	最终决定权
高中	大部分决定权	最终决定权
大学	最终决定权	建议权

由此可知，在孩子的事情上，父母的决定权会随着孩子年龄的增长而逐渐减少，孩子对自己的事情的决定权则随着年龄的增长而逐步增加。直到最后，孩子成年，对自己的事拥有了最终决定权。

有人说："21 世纪将是'自主选择'的世纪。在这个时代，每个孩子都将拥有更多的选择。进入社会后，孩子必须选择自己的行业，自己的老板，自己的公司……一个孩子如果长大了还只会背诵知识，听话被动，什么事都等着别人帮他做决定，那他就算不被欺负，也不会被重视。"

专家建议

那么，父母需要在哪些方面，以及如何给孩子放权呢？

✦ 让孩子决定和自己有关的"小事"

和孩子有关的"小事"可交给孩子自己安排，如过生日请哪些小朋友，今天穿哪件外套、带奥特曼还是小熊去幼儿园、吃鸡腿还是鸡翅、自己的玩偶要不要送给来家里做客的小朋友、出去玩要不要带滑板车等。"大事"给孩子提供参与的机会，如房间的布置，可以和孩子一起筹划设计方案，鼓励孩子提出自己的建议。孩子的建议如果可行，则尽量采纳孩子的建议，让孩子感受到被重视。

✦ 为孩子提供更多选择

为了孩子的身心健康，我们不能一味地否决孩子的选择。我们必须为孩子提供更多选择，让他们在一定的范围内行使自己的决策权。比如：

当我们想要孩子吃饭时，不要吼一句"快点过来吃饭"，而要说"今天你想吃水煮蛋，还是煎蛋"。

当我们想要孩子不要看电视了，不要吼一句"不准再看电视了，快点儿去睡觉"，而要说"你是想要 5 分钟后去睡觉，还是 10 分钟后去睡觉"。

✦ 不要给孩子太多压力

一些"开明"的父母在假期为孩子报兴趣班时，会征求孩子的意见，让孩子选择自己喜欢的兴趣班。但是在孩子做出选择之前，父母却大说特说，说什么英语学了怎么好，数学学了怎么有用。这无形之中给孩子造成了很大压力，就算孩子想报画画或乐高，在父母的强力暗示下，他们也会做出违心的选择。

◆ 不要随意否定，不要出尔反尔

　　孩子在自己做主、自我选择的时候，是需要鼓足勇气的。父母随便就否定的话，既打击了孩子的自信心，又让孩子觉得父母不是真的要他选择，只是做做样子。下次面临选择时，孩子也就没有什么积极性了，抱着无所谓的态度。既然父母给了孩子自我选择的权力，一旦孩子做出选择就要尊重孩子。父母说话算话，孩子也会跟着说话算话。

3 约法三章，让孩子主动放下手机

孩子沉迷玩手机，很多父母提起来又生气又头疼，甚至有父母气到把手机都砸了。苏联教育家马卡连柯说："专横、愤怒、叫喊、央告、恳求，只会让你远离初衷。"

情景再现

亮亮非常喜欢玩手游，有时候玩起来都能忘了吃饭。这天，亮亮放学回家也不写作业，将书包往沙发上一扔就直接点开了手机的游戏界面。

妈妈："亮亮，别玩手机了，赶紧去写作业。"

亮亮："知道了，知道了。"嘴上答应着，但是亮亮一动不动。

吃完饭，亮亮又坐在沙发上玩手机。

妈妈生气地把手机抢过来说："赶紧去写作业！"

亮亮生气地站起来，回到自己的房间，用力把门关上。

就知道玩手机，还不赶紧去写作业！

情景分析

在孩子沉迷游戏这件事上，绝大多数父母都是零容忍。他们一开始怕伤害孩子自尊，往往采用劝说的方式，等说教无用后，就会采取一些强硬手段，比如，给电脑设置密码，没收孩子手机，拔掉家中网线，甚至跑到孩子的游戏群里去谴责……各种"围追堵截"，阻止孩子玩游戏。

用这样的方式，又得到了些什么结果呢？

摔手机、断网、打骂孩子等激烈的手段，不仅无法从根本上解决问题，还会让亲子关系变得疏远，让孩子变得更加叛逆。近年来，因为被父母强制禁玩游戏而离家出走及进行自我伤害的孩子有逐步增多的趋势。一个10岁男孩曾对着父母大喊："没有游戏玩，我活着还有什么意思？我讨厌你们！"

当孩子情绪激动时，父母若是也企图通过强硬的方式来反击，结果两败俱伤。

越是禁止，越是禁不掉，反而会增加游戏的神秘和魅力。

想要让孩子放下手机，重要的是弄明白原因，这样才能找到正确的解决办法。

孩子喜欢玩手机，是因为手机的娱乐功能能够为人们带来快乐和精神上的放松。孩子的自控能力差，无法抵抗快乐，就会沉迷其中。另一个原因是，父母对孩子关心过少，因此电视、手机变成了他的情感寄托。有一个孩子曾说过："我的爸爸妈妈永远只关心我有没有考好，从来不关心我开不开心，那我还不如玩游戏呢，游戏人物都比他们有温度。"

有人把手机比作电子海洛因，很自然地就把孩子不好好写作业，不好好学习的错，都归结给了手机。乍看起来，一切都是手机惹的祸，是手机毁了孩子，但让孩子坠落深渊的真的是手机吗？

手机是工具，而不是玩具。工具就是人们在生活和工作中使用的器具，它可以帮助我们加工或者制造产品，或者达到某个特定的目的。

🔆 专家建议

那么，如何引导孩子健康地玩手机、看电视呢？父母要和孩子约法三章。

✦ 约定玩手机的时间

孩子玩手机可以，但是要有时间限制，不能无节制地沉溺其中。例如，在周一到周五期间，每天可以玩半个小时的手机——可以在饭前玩半个小时的手机等待开饭，或者在饭后看半个小时的电视消食。

到了周末，父母可以将孩子玩手机的时间提高至一个小时，分阶段进行：上午玩半个小时的手机，下午玩半个小时的手机。时间不要集中在一起，避免孩子的眼睛长时间被刺激，受到损害。父母要注意，避免孩子吃饭时、睡觉前玩手机，那样不利于孩子的身体健康。

✦ 时间到了马上停止

父母要提前和孩子约定好，等到父母提醒他时间到了时，必须马上放下手机、关上电视。父母可以给孩子买一个闹钟，定好时间，并且告诉孩子，闹钟响了就要关上电视或放下手机。

✦ 不按约定执行要受到惩罚

如果孩子按照约定做事，父母可以给予奖励。如果孩子不按照约定做事，父母要给予惩罚。在当孩子不配合时，父母要立即执行惩罚。即使孩子哭闹要赖，父母也不可以心软。

和孩子约定好的事，父母可以将其写出来，贴在明显的地方，让孩子能够经常看到。父母可以在纸上列举不遵守约定的惩罚有哪些，让孩子明确知道自己不遵守约定的后果。

✦ 给孩子做好榜样

研究发现，父母当着孩子的面玩手机、看电视，孩子想要玩手机的欲望会提高 1 ~ 2 倍。因此，父母在陪伴孩子时，要少玩手机，多和孩子聊天，陪他玩耍，从而降低孩子玩手机的欲望。

手机是我们生活中必不可少的沟通及娱乐工具，父母可以引导孩子少看无用的信息，多看孩子感兴趣的、正面的内容，如动物世界、科普节目、音乐节目等，发掘手机的正面意义。

培养微习惯，自律很简单

微习惯的特点是极其微小，让人感觉没有压力，能轻松养成，基本不可能失败。比如，每天背诵一个单词，每天练习两个生字。因为容易执行，所以孩子不会排斥，容易坚持下来。

情景再现

妈妈给可可制订了每天跳绳 100 个的计划，但她跳两三下就会断掉。坚持跳了 20 多个，她就再也不愿意跳了。

妈妈和可可商量："不跳 100 个了，每天跳 5 个怎么样？"可可爽快地答应了。

刚开始，可可总是蹦得很高，跳一次需要费很大力气，跳十来个就开始喘粗气。在妈妈的引导下，可可逐渐掌握了一些技巧，能连续跳五六个了。

接下来，妈妈要求她每天跳 10 个，但当她熟练后，每次都超额完成任务，这让她对跳绳的兴趣更浓了。

……10、11、12、13，今天又超额完成任务了！

微习惯相对简单，就像刷牙洗脸，基本上可以形成条件反射，闭着眼睛都会做。培养这些微习惯，能让孩子养成自律的好习惯。

微习惯很轻易就能达成，从而可以让孩子体会到成就感。这种成就感会让孩子更加有动力坚持下去，对自己更有信心。孩子之所以在生活中难以做到持之以恒，就是因为执行力不足，大脑负担太重。而微习惯却能够让孩子无负担，微小还容易实现。

但也有家长会问：这么小的微习惯真的有用吗？能达到效果吗？比如，孩子每天只背2个单词，能提升词汇量吗？孩子每天练2道计算题，计算能力能提升吗？孩子每天读1个小故事，对他的阅读理解有帮助吗？答案是能。

微习惯只设定了最小值，不设定最大值，执行起来毫无负担，很容易超额完成。尤其是有些事，一旦开始进入状态后，就会持续下去。比如，孩子的阅读任务是2页，但孩子被书中精彩的故事吸引住了，阅读量就有可能从2页变成十几页。

孩子的内心都有个舒适区，大幅度的变化会让孩子感到不舒服，大量消耗孩子的动力和意志力。而低要求的微习惯是慢慢渗透的，可以一点一点进行积累和改变。当孩子每次超额完成任务的时候，成就感也会加倍，从而会鼓励孩子继续完成目标。

专家建议

那么，如何制订适合孩子的微习惯计划呢？

✦ **选择符合孩子发展水平的微习惯**

父母应该选择适合孩子的微习惯，这样才可以保证孩子能够持续执行。比如，一年级的孩子，每天的任务是写6个字，做4道练习题。在放假时，要求孩子刷碗或是拖地。孩子这样坚持一段时间，就会形成习惯。

另外，一定要把微习惯变得特别小，比如每天喝一杯水，那么就先在杯子里倒一点水，之后再一点点慢慢往上加。

✦ 微习惯的数量宜少不宜多

培养微习惯，能够增强孩子的执行力，提升孩子的意志力。微习惯可以只有1个也可以设定多个，但是不要超过4个。过多的任务会分散孩子的精力，让孩子无法兼顾。在设定微习惯时，虽然先是从小开始，但往往孩子都会超额完成。比如，设定的是让孩子安静看完10分钟的图书，但是孩子一拿起书可能就越看越有趣，结果超额完成任务，马上就有所进步。另外，即便孩子不舒服，也依旧可以完成阅读任务。

✦ 将小目标纳入日程

父母要明确小目标，比如每天背5个单词，大目标是背完30个单词。父母要把小目标纳入孩子的日程表中，孩子须完成后，再做其他任务。

培养习惯有两种方式：时间和行为。如果用时间来培养习惯，可以选择在早上7点读书或晚上9点读书。但是这种方式相对固定，不太灵活。如果父母临时有事，就会影响习惯培养。如果用行为来培养习惯，可以选择吃完饭后阅读或者睡觉前阅读。这种方式虽然灵活，但不够明确，无法判断具体开始和结束的时间。这就需要父母根据实际情况具体来进行分析，只要能帮助孩子培养好的微习惯，就是适合孩子的。

当孩子觉得这件事已经常态化，没有抵触情绪，并且无须考虑就可以自觉行动时，就意味着这一微习惯已经养成。那么，父母就应该继续培养孩子的下一个习惯。

微习惯是可以用微小的努力换取快速成长的最好工具，它的魔力就在于能够在一定程度上"欺骗"大脑，让大脑以为我们做的事情极其简单。如果孩子按照计划从小目标慢慢积累起来，到最后完成大目标，那么简单的重复就会逐渐成为他们的一种自然而然的习惯。最终孩子便能轻松实现自己的价值，成为更好的自己。

5 **适度满足，欲望宜疏不宜堵**

    想吃甜、香、酥、脆的零食，想玩手机，想买漂亮的衣服和玩具，这些都是孩子的欲望。但在父母眼里，孩子的很多欲望都是有害的，比如吃糖果会蛀牙、吃薯片会发胖。于是，孩子和父母就站在了"拔河"的两端，一端是想要，一端是不给。

情景再现

    依依的妈妈不允许她吃糖、巧克力，也不允许她吃薯片、饼干等零食。有一次，她在小朋友那里尝到了一颗彩虹糖。意犹未尽的她，非要妈妈给她买，可妈妈就是不肯。

    后来，在妈妈带她逛超市的时候，她偷偷把一瓶彩虹糖装进了自己的口袋……

情景分析

孩子的欲望就像洪水，宜疏不宜堵。心理学上有个词叫"禁果效应"，也称为"潘多拉效应"，是一种"越禁止越想要尝试"的逆反心理现象。孩子的欲望就像浮在水面上的皮球，我们越是试图向下按，它向上反弹的力度越大。

如果不想让皮球浮出水面，父母就需要一直按着，但意志力是有限的资源，总有一天会消耗完，结果就是孩子的欲望失控。父母的暴力阻止，只会让孩子感觉自己生活的乐趣甚至是生活的意义被剥夺了。

当孩子对零食的渴望被压抑到极限时，他们就有可能采取各种手段来获得零食，比如和父母哭闹、撒谎，从其他孩子处讨要、抢夺，甚至去商店偷零食或者偷钱买零食。

尹建莉老师在《自由的孩子最自觉》一书中说，扼杀孩子小小的欲望，会导致孩子极度的渴望，进而产生补偿性心理。孩子的童年没有零食，长大后每次看到零食，内心的渴望就会在补偿性心理的影响下不断放大。

有网友分享了自己的故事：在零食上，父母从小到大都管得特别严，上了大学，远离父母后，她很快就把自己吃成了一个胖子。

一味地严防死守，坚决不许孩子接触糖果、薯片等，是在给孩子制造"匮乏感"。在"匮乏感"的作用下，孩子对零食永远也吃不够。

相对于不满足，另外一些家长走向了另外一个极端，那就是过度满足。有些父母因为内心对孩子有所亏欠，比如因为工作的缘故不能常常陪伴孩子，或是由于复杂的家庭状况，不能给予孩子很好的照顾，往往会以物质的形式来补偿孩子。这种做法不仅无法让孩子学会欲望管理，也很容易把孩子惯坏。

只有适度满足孩子合理的愿望，包括某些愿望的合理部分，才更有利于孩子疏解内心的欲望，不再被诱惑俘虏。

某著名主持人、企业家说自己的小女儿 3 岁时，看见姐姐吃口香糖，便也闹着要吃，但因为年龄太小，奶奶担心她不小心被噎着，就一再拒绝，但她因此闹得更凶。

他觉得一味压抑女儿的欲望可能会导致更严重的后果，于是就买了足够的口香糖放在家里，只是告诉她嚼后一定要吐掉。一开始，她一天能吃掉两瓶，之后慢慢减少，最后减到了一天一颗或者不吃，再后来就基本不见她吃了。

专家建议

每个人对物质都有欲望，孩子也不例外。父母要学会拒绝孩子的一部分"想要"，给孩子真正需要的。具体怎么做，父母可以参考以下两点。

✦ 适度满足

对于零食，父母可以规定孩子的摄入量。比如，和孩子商量每天可以吃多少零食。等孩子养成习惯，父母可以让孩子自己保管零食，锻炼孩子的自制力。

父母也可以把孩子感兴趣的零食都买一些，让孩子每一种都尝一尝，还可以和孩子交流每种零食的味道、口感，并趁机告诉孩子每种零食吃多了会导致什么后果，让孩子主动少吃。

✦ 适当拒绝

当觉得孩子的物质欲望不合理时，父母可以直接拒绝孩子，明确地和孩子说"不行""不可以"。这时，即使孩子哭闹、抗议，父母也要坚持下去。父母不要简单地对孩子说"这个没有必要买""这个太浪费了""这个不好"。在拒绝孩子时，父母一定要给出孩子真实、具体的理由，用孩子能听懂的话说服他。

父母如果觉得孩子的要求可满足也可不满足，可以把孩子的要求当作任务奖励。父母可以给孩子设置几项任务，告诉孩子完成任务才能获得奖励。任务的内容可以是做家务、学习、运动，也可以是去商店了解物价、学会货比三家，等等。

6 信任式放手，孩子比你想象的更优秀

孩子是一个独立的人，有独立的思想。父母虽然有监管的责任，但也要学会放手。很多父母代替孩子做的事太多，给孩子实践的机会、成功的感受太少。这都源于家长对孩子的不信任。

情景再现

刚上幼儿园中班的志远对做饭很感兴趣。每次妈妈做饭，他都要凑过来帮忙。一次，他搬来一把小凳子，站在上面，非要帮妈妈炒菜。

妈妈见了，急忙说："你还小，不会炒菜，等你长大了再来炒，好不好？"

但志远不肯下来，妈妈只好强行把他抱了下来。

> 宝贝，你还小，不会炒菜……

> 不，我就要炒菜。

　　　　　　　情景分析

　　一些家长因为不放心孩子，总是觉得自己孩子做什么都不行。久而久之，这种意识影响到孩子，孩子就会从心里认为自己真的不行了。大人们常常指责自己的孩子："太笨了！""太糟了！""太不争气了！""太没出息了！"……孩子们整天在这样的负面评价中长大，自己的才能被自己最亲的人忽视，无形中便给自己下了"我不行"的定义，于是就真的不行了。

　　英国哲学家、教育家赫伯特·斯宾塞说："孩子，我不能牵着你的手，把你送到这里带到那里，这条路你必须自己去走。我唯一能向你承诺的，只有坚定不移的支持。即便我会给你一些指引，告诉你我的经验，但那代替不了什么。你必须自己做决定，并承担所有责任。"

　　德国著名教育专家舒马赫也说："给孩子提供尝试的机会，是挫折教育的一部分。如果孩子被剥夺了尝试的机会，就等于被剥夺了犯错和改错的机会，因此也不可能积累经验，迈向成功。"

　　很多时候，一个孩子能做到什么程度，往往取决于家长相信他能做到什么程度。当你的孩子要去做一件事情的时候，你对他说："去吧，你能行。"你的孩子就一定不会让你失望。

　　而且，就算孩子真的做不到，也没有关系。孩子还小，家长不要太急躁。只要你耐心启发，只要你相信孩子能行，总有一天，他就真的能行。

　　罗杰·罗尔斯是纽约州第 53 任州长，同时也是纽约历史上第一位黑人州长。他出生在纽约的大沙头贫民窟，受环境影响，他小学时就总在学校里闯祸。但校长皮尔·保罗并没有放弃罗尔斯，而是对罗尔斯说了一个善意的"谎言"。他拉着罗尔斯的手说："你手指修长，将来会成为纽约州的州长。"

　　校长的信任和期待，给予了罗尔斯前进的勇气和信心。罗尔斯以"纽约州州长"这面旗帜为方向，在此后的 40 多年里，他每一天都按州长的身份要求自己，逐渐变得自律和自信。最终在 51 岁那年，他真的成了纽约州的州长。

这就是信任的力量，这种力量会让孩子产生满足感和幸福感，也会让孩子感到被认可，从而由内到外地产生做事的动力，为自己负责，不辜负别人的信任。斯科特·派克在《少有人走的路》一书中写道："我是个有价值的人，有了这样宝贵的认知，便构成了健全心理的基本前提，也是自律的根基。"

"天下没有我做不成的事。"家长要在孩子小时候就灌输给他们这种观念，从小培养孩子的勇气和自信。当"我能行"成为一种信念，随着时间悄然沉淀在孩子心底的时候，他们就会真正成长起来。

也许孩子会短暂地陷入僵局，需要父母利用自己的经验来为他们提供一些辅助。但父母一定要给孩子自己尝试的机会，不贸然插手，因为这样会无形间让孩子损失很多实践、成长的机会。

💡 专家建议

那么，父母要怎样学会放手，让孩子独立面对挑战呢？

✦ 适当"离开"

当孩子面临挑战时，如果父母在一旁，孩子会本能地依赖父母，而父母也会因为不忍心而伸出援手。孩子独自接受挑战的机会就此失去。

因此，在孩子面露难色时，父母可以找借口离开一会儿，暗中观察孩子的表现。比如，孩子在拼乐高的时候，想让爸爸动手帮忙，爸爸可以说有电话要接，留下孩子独自面对。

✦ 给孩子保护自己的建议，但也要放手

作家刘墉曾在《人生百忌》中，给女儿写了"出门 22 忌"，真的是千般叮咛，万般牵挂。但当孩子长大，就算父母有再多的担心，也要装作放心的样子。

在《极简父母法则》中，有这样一句话："父母让自己忧心忡忡没有任何意义。到了这个阶段，父母必须对自己这么多年的教育有信心。"

虽然一直把孩子抓在手里，感觉才踏实，但是为了孩子的成长，父母必须学会放手与信任，给孩子一些在实践中锻炼、学习的机会，以提高他们的生存力。